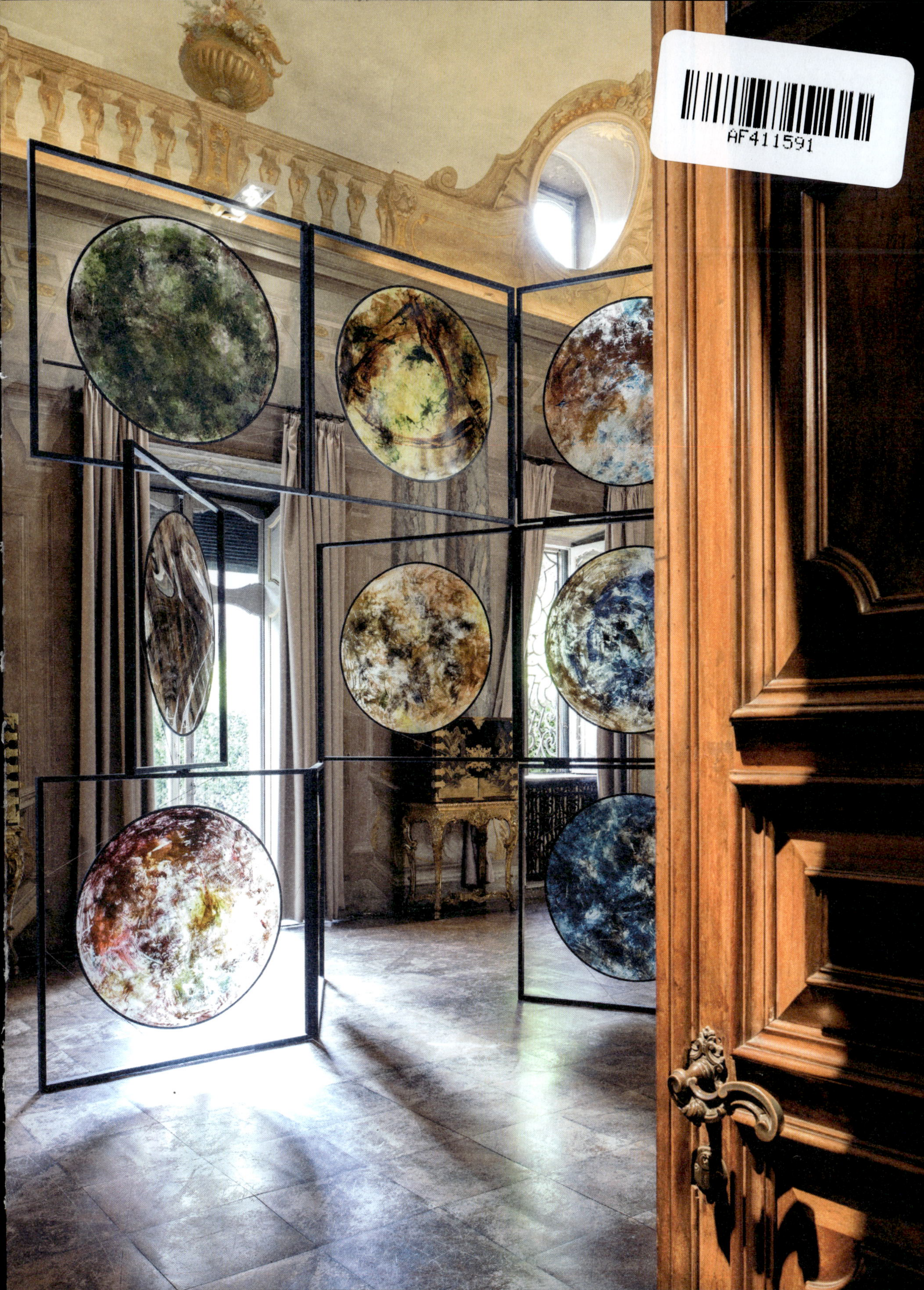

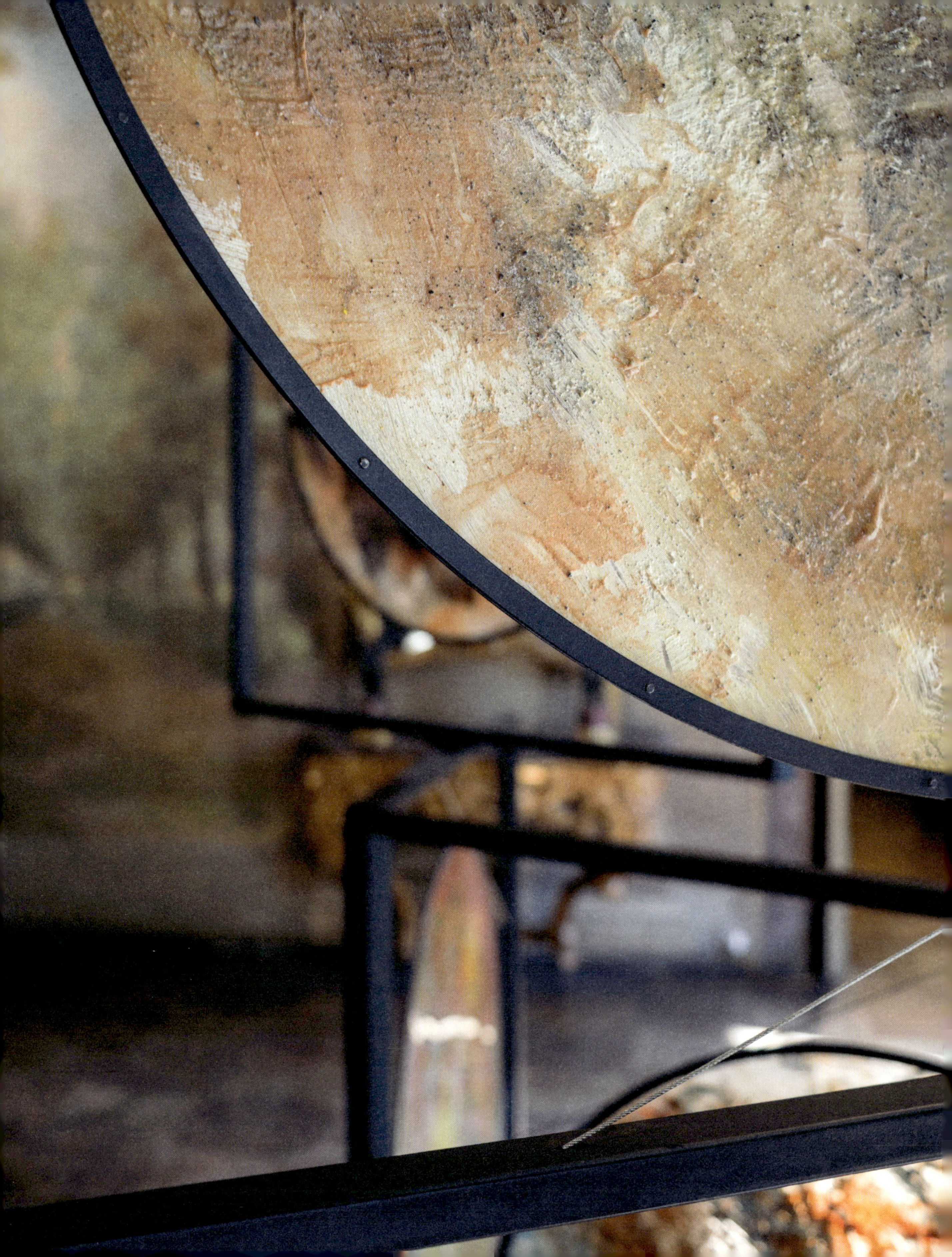

AFTER THE TRIBES
BEVERLY BARKAT

Marsilio

Publication issued in
conjunction with the exhibition |
Pubblicazione realizzata
in occasione della mostra

After the Tribes
11 October | ottobre
31 December | dicembre, 2018
Museo Boncompagni Ludovisi,
Rome | Roma

With the support of
Con il sostegno di

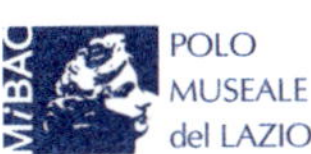
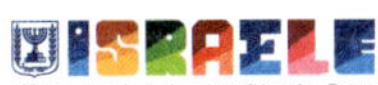
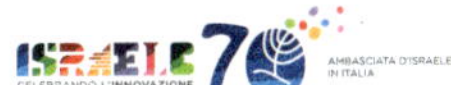
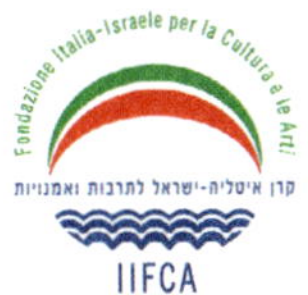

promoted by
promossa da

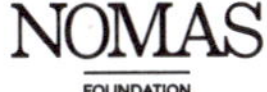

Curator | A cura di
Giorgia Calò

Project Director | Direttore
di progetto
Mia Dora Prvan

Graphic Identity | Progetto grafico
Micha Weidmann Studio,
London

Technical/Architecture
Consultant | Consulenza tecnico-
architettonica
Vartivar Jaklian

Transport/Logistics | Trasporti/
Logistica
Amit LTD Shipping & Logistics

Press and Communication |
Ufficio stampa e comunicazione
Lightbox Group, Venezia
Lotan Communications &
Caroline Shapiro, Tel Aviv
and Jerusalem

Director | Direttore
Polo Museale del Lazio
Edith Gabrielli

Director | Direttore
Museo Boncompagni Ludovisi
Matilde Amaturo

Communication | Comunicazione
Polo Museale del Lazio
Marco Sala

Edith Gabrielli
Director
Polo Museale del Lazio

Giro d'Italia 2018, Stage 1 - this is what sports journalist Joe Short wrote in the "Express" on 12 May: Jerusalem will host the individual time trial to kick off the Giro d'Italia 2018. The six-mile course will send riders through the historic city. Giro d'Italia 2018, Stage 2: The tour then hits the road properly with a flat stage from Haifa to Tel Aviv covering 104 miles.

Giro d'Italia 2018, Stage 3: The final day in Israel sees the peloton snake onto higher ground as it weaves from Beersheba to Eilat, at the southern-most point of Israel. A cycle race, the second most important in the world, which starts in Jerusalem and in its third stage crosses the Negev Desert to reach the Red Sea. Israel, albeit in its infinite diversity and in the almost infinite depth of its history, presents this fundamentally common feature. It succeeds in offering you new things on every occasion. And ultimately in surprising you. It matters little whether it is sport, culture or politics. The Polo Museale del Lazio came into existence just over three years ago, in March 2015. The mission of the Polo Museale, an institution of the Ministry for Cultural Heritage and Activities, consists of managing, safeguarding and showcasing forty-six museums and cultural sites that the Italian State possesses in the region.

Initially, evidently frightened by the quantity and importance of these sites, many judged the Polo Museale to be a challenge, in some ways even a risk.

Little more than three years have gone by since March 2015. In this period the Polo Museale has done many things. All the indices show positive signs. This applies— and how!—to the data of a quantitative nature: visitors and proceeds have increased, sometimes significantly, I would say convincingly. However, here and elsewhere I prefer to highlight the quality of the culture and the art safeguarded, showcased and produced by the Polo Museale and through the Polo Museale. Because above all museums must think of doing this: making culture. The Polo Museale exists, therefore, and is among us. As a challenge, as a risk, it has proven to be a pleasant surprise.

From this sort of perspective, the venue of the today's exhibition, the Boncompagni Ludovisi Museum for the Decorative Arts, Costume and Fashion of the 19th and 20th Centuries, merits a consideration in its own right. It is a well known fact: the museum came about and was initially run as a kind of 'satellite' of the National Gallery of Modern Art. Its arrival within the Polo Museale del Lazio, in other words, within a wholly different management context, needed a plus point of museological reflection. This reflection had to and has to necessarily take account of the venue, the container and its proximity to Via Veneto, traditionally the heart of La Dolce Vita. With the full agreement of Director Matilde Amaturo, we decided to act on two fronts, to press on two linked and interdependent pedals. On one hand we therefore decided to highlight the container and the content of the museum. On the other, to introduce factors, initiatives and displays with a new character and that were therefore capable of surprising, if possible, into the spaces of the museum.

Edith Gabrielli
Direttrice
Polo Museale del Lazio

*Così il giornalista sportivo Joe Short scriveva sull'«Express» lo scorso 12 maggio:
Giro d'Italia 2018, Stage 1. Jerusalem will host the individual time trial to kick off the
Giro d'Italia 2018. The six-mile course will send riders through the historic city.
Giro d'Italia 2018, Stage 2. The tour then hits the road properly with a flat stage from
Haifa to Tel Aviv covering 104 miles.
Giro d'Italia 2018, Stage 3. The final day in Israel sees the peloton snake onto higher
ground as it weaves from Beersheba to Eilat, at the southern-most point of Israel.
Una corsa di ciclismo, la seconda per importanza al mondo, che parte da Gerusalemme
e che nella terza tappa attraversa il deserto del Negev per arrivare fino al Mar Rosso.
Israele, pur nell'infinita diversità e pur nella quasi infinita profondità della sua vicenda
storica, presenta fondamentalmente questo tratto comune. Ogni volta riesce a proporti
cose nuove. E in definitiva a sorprenderti. Poco importa che si tratti di sport, di cultura
o di politica.
Il Polo Museale del Lazio è entrato in funzione poco più di tre anni or sono, nel marzo
2015. La missione del Polo, istituto del Ministero per i Beni e le Attività Culturali,
consiste nel gestire, tutelare e valorizzare quarantasei tra musei e luoghi di cultura
che lo Stato italiano possiede nella regione. Al principio, evidentemente spaventati
dalla quantità e dall'importanza di questi luoghi, molti hanno giudicato il Polo
una scommessa, per certi versi persino un azzardo.
Dal marzo 2015 sono trascorsi poco più di tre anni. Il Polo in questo periodo ha fatto
molte cose. Tutti gli indici mostrano un segno positivo. Questo discorso vale, eccome,
per i dati di natura quantitativa: gli spettatori e gli incassi sono aumentati, talvolta
in modo rimarchevole, direi convincente. In questa e in altre sedi preferisco tuttavia
sottolineare la qualità della cultura e dell'arte tutelata, valorizzata e prodotta
dal Polo e attraverso il Polo. Perché i musei devono pensare soprattutto a questo:
a fare cultura. Il Polo dunque esiste ed è fra noi. Da scommessa, da azzardo si è rivelato
una piacevole sorpresa.
In un'ottica di questo genere una considerazione a sé merita la sede della mostra odierna,
il Museo Boncompagni Ludovisi per le Arti Decorative, il Costume e la Moda dei secoli
XIX e XX. È fatto noto: il museo nacque e fu inizialmente gestito come una sorta di
"satellite" della Galleria Nazionale di Arte Moderna. L'arrivo nel Polo Museale del Lazio,
ovvero in contesto gestionale del tutto diverso, aveva bisogno di un plus di riflessione
museologica. Questa riflessione doveva e deve necessariamente tenere conto della sede,
del contenitore e della prossimità con via Veneto, per tradizione il cuore della Dolce Vita.
In pieno accordo con la direttrice Matilde Amaturo si è pensato di agire su due fronti,
di premere su due pedali concatenati e interdipendenti. Da un canto si è dunque pensato
a valorizzare il contenitore e il contenuto del museo. Dall'altro canto a introdurre
negli spazi del museo fattori, iniziative ed esposizioni dal carattere nuovo e perciò
in grado, se possibile, di sorprendere.*

That is the reason for Beverly Barkat. Barkat is an artist who is fully established in Israel, as well as in various important cities worldwide, who only in recent years has focused strongly on Italy, until she now enjoys the attention she deserves.

This is demonstrated by the Evocative Surfaces *exhibition alone, which took place in 2017 at Palazzo Grimani in Venice, in close connection with the 57th Biennale. From a technical standpoint, Beverly Barkat has her roots in the history of painting. At least in Rome and at least for some, her art will nevertheless be something of a surprise. This is something to which, moreover, we need to become accustomed when we talk about and introduce things and people coming from Israel.*

That, in short, is what we were saying at the outset. The connection with the Polo Museale del Lazio will make it possible—of this I am sure—to highlight the qualities of this artist. At the same time, a further growth of the Boncompagni Ludovisi Museum will be guaranteed.

Ecco perché Beverly Barkat. Un'artista, la Barkat, pienamente affermata in Israele come pure in varie e importanti città del mondo, ma che solo in questi ultimi anni sta puntando forte sull'Italia, fino a godere dell'attenzione che merita. Lo dimostra, da sola, la mostra Evocative Surfaces, che si è svolta nel 2017 a Palazzo Grimani, a Venezia, in stretta connessione con la 57ª Biennale.

Sotto il profilo tecnico, le radici di Beverly Barkat affondano nella storia della pittura. Almeno a Roma e almeno per alcuni, la sua arte rappresenterà comunque una sorpresa. Cosa cui del resto bisogna abituarsi quando si parla, s'introducono cose e persone che vengono da Israele. È insomma quanto si diceva in apertura. La connessione al Polo Museale del Lazio consentirà – ne sono certa – di sottolineare le qualità di quest'artista. Contestualmente, si garantirà una crescita ulteriore del Museo Boncompagni Ludovisi.

I am delighted to support the After the Tribes *exhibition by the illustrious Israeli artist Beverly Barkat, who, after the great success achieved in Venice, at Palazzo Grimani, now arrives in Rome in the charming location of the Museo Boncompagni Ludovisi. I could not have imagined a better conclusion for this cycle of cultural activities taking place in Italy on the occasion of the celebrations for the 70th Anniversary of the Foundation of the State of Israel.*

Indeed, in the last year, numerous Israeli artists have had the opportunity to acquaint the Italian public with their talent and to have it appreciated by them: from literature to dance, from art to cinema, Israelis have presented themselves as innovators and sensitive interpreters of our times. It is not only a matter of awards and the acclaim of the international critics, but also a widespread feeling of appreciation of Israeli cultural production, which is also present in Italy in all spheres, national and local, evidence of the interest in the ideas and creativity of what is a vibrant society in a young, dynamic country.

Culture is certainly the best way to celebrate this important anniversary, since it was precisely culture that played a central role in the Jewish national rebirth that led to the formation of the State of Israel. The Bezalel Academy of Arts and Design, where Beverly Barkat trained, was founded before Israel was born and is still a central pole of education and artistic ferment today. The first Israeli artists tackled a tradition that lacked Jewish iconography as such, creating an Israeli art that, though syncretising different traditions, is principally experimental: reaching towards the future, it is nourished by the past and looks at the present, in an intellectual space that absorbs and processes the most diverse cultural references.

It is precisely in this setting that the exhibition by Beverly Barkat takes its place; for it the artist has created a site-specific work that looks back over the thousands of years of history of the Jewish people, starting from its origins—with the twelve tribes—but in a contemporary form. In this way the artist combines past and present in an original and thought-provoking way, carrying with her the enormous cultural baggage of her country.

Eldad Golan
Culture Attaché
Embassy of Israel in Italy

Eldad Golan
Addetto culturale
Ambasciata d'Israele
in Italia

Sono molto lieto di sostenere la mostra After the Tribes *dell'illustre artista israeliana Beverly Barkat che, dopo il grande successo riscosso a Venezia, presso Palazzo Grimani, giunge a Roma nella suggestiva location del Museo Boncompagni Ludovisi.*

Non avrei potuto immaginare conclusione migliore per questo ciclo di attività culturali svolte in Italia in occasione delle celebrazioni per i settant'anni della fondazione dello Stato di Israele.

Sono stati infatti numerosi gli artisti israeliani che, nell'ultimo anno, hanno avuto modo di far conoscere e apprezzare al pubblico italiano il proprio talento: dalla letteratura alla danza, dall'arte al cinema, gli israeliani si presentano quali innovatori e sensibili interpreti del nostro tempo. Non si tratta solo dei premi ricevuti e dell'acclamazione della critica internazionale, ma anche di un diffuso sentimento di apprezzamento per la produzione culturale israeliana, che è presente in Italia in tutti gli ambiti, nazionali e locali, testimoniando l'interesse per le idee e la creazione di una società vivace in un paese giovane e dinamico.

La cultura è certamente il modo migliore per celebrare questo importante anniversario, poiché proprio la cultura ha avuto un ruolo centrale nella rinascita nazionale ebraica che ha portato alla costituzione dello Stato di Israele. La stessa Accademia di Belle Arti e Design Bezalel, dove si è formata Beverly Barkat, è stata fondata prima che nascesse Israele ed è ancora oggi un polo centrale di educazione e fermento artistico.

I primi artisti israeliani si sono confrontati con una tradizione che mancava di iconografia propriamente ebraica, e hanno creato un'arte israeliana che, pur sincretizzando diverse tradizioni, è precipuamente sperimentale: protesa al futuro, si nutre del passato e guarda al presente, in uno spazio intellettuale che assorbe ed elabora i riferimenti culturali più diversi.

Proprio in questa cornice si colloca l'esposizione di Beverly Barkat, per la quale l'artista ha creato un'opera site-specific che ripercorre la storia millenaria del popolo ebraico, a partire dalle sue origini – le dodici tribù –, ma in forma contemporanea.

L'artista unisce, in modo originale e suggestivo, il passato e il presente, portando con sé l'enorme bagaglio culturale del suo paese.

The Villino Boncompagni Ludovisi, a small villa designed and extended (1901–32) by Giovanni Battista Giovenale, is a remarkably eclectic building, the expression of an early twentieth-century taste for the so-called "Roman barocchetto" intermixed with elements of Art Nouveau, or Stile Liberty as it is known in its Italian inflection. The building is situated between the Porta Pinciana and the Porta Salaria, where the Horti Sallustiani, *once stood in classical Rome. In 1620, Cardinal Ludovico Ludovisi purchased one of these properties to create his own residence, Villa Ludovisia. In the late nineteenth century, the Boncompagni Ludovisi family signed a convention with Rome's mayor Leopoldo Torlonia and the Società Generale Immobiliare of Turin, according to which the villa would be torn down to make space for a new neighborhood.*

The residence was inhabited by Prince Andrea and his wife Alice Blanceflor de Bildt, a noblewoman of Swedish origin. In 1970, Blanceflor bequeathed the property and the furnishings of the official reception area on the first floor to the Italian state, in order for it to be used for "artistic–cultural purposes of public utility." On her death in 1972, the villa was taken over and restored by the Ministry for Cultural and Environmental Heritage and in 1995 the Museo Boncompagni Ludovisi per le Arti Decorative, il Costume e la Moda dei secoli XIX e XX was opened. The museum still has its original furnishings (armchairs, chairs, a console in the Rocaille style, a secretaire desk, vases, and so on) on permanent display and exhibits, on a rotational basis, the collections of decorative art objects, clothing, and fashion accessories that have been donated to and acquired by the Museum.

Great significance is placed on the history of costumes and fashion through the display of clothes by famous stylists and important tailoring firms, illustrating the evolution of Italian fashion from the late nineteenth to the closing decades of the twentieth century. Paintings by the most important artists of the Italian nineteenth and twentieth centuries—Camillo Innocenti, Felice Carena, Giacomo Balla, and George De Chirico— also create a history in images of fashion and its transformations.

The museum is currently under the auspices of the Polo Museale del Lazio, directed by Edith Gabrielli, which, together with the Museo Boncompagni Ludovisi and its director, has organized numerous events and arranged for the acquisition of donations of fashion and decorative arts, together with special exhibitions by Italian artists of the twentieth century (Ludovico degli Uberti in 2016 and Ferruccio Gard in 2018).

The Museo Boncompagni Ludovisi has now decided to open its doors to internationally renowned contemporary artists such as Beverly Barkat, underscoring the bond that Palazzo Venezia, the headquarters of the Polo Museale del Lazio, shares with Museo di Palazzo Grimani, where Mrs Barkat's exhibition Evocative Surfaces *took place for the occasion of the 2017 Venice Biennale.*

Matilde Amaturo
Director
Museo Boncompagni
Ludovisi

Matilde Amaturo
Direttrice
Museo Boncompagni
Ludovisi

Il villino Boncompagni Ludovisi, progettato e ampliato (1901-1932) da Giovanni Battista Giovenale, è un particolare esempio di architettura eclettica, espressione del "barocchetto romano" di inizio Novecento a cui si mescolano elementi Liberty. L'edificio si trova tra Porta Pinciana e Porta Salaria, dove in epoca romana sorgevano gli Horti Sallustiani. Nel 1620 il cardinale Ludovico Ludovisi acquistò una di queste proprietà per realizzare la propria residenza, Villa Ludovisia. Alla fine del XIX secolo, la famiglia Boncompagni Ludovisi firmò la convenzione con il sindaco di Roma, Leopoldo Torlonia, e con la Società Generale Immobiliare di Torino che decretò la demolizione della villa per lasciare spazio a un nuovo quartiere. La residenza fu abitata dal principe Andrea e dalla moglie, Alice Blanceflor de Bildt, nobildonna di origine svedese. Nel 1970 Blanceflor donò l'immobile e gli arredi del piano di rappresentanza allo Stato italiano, affinché fosse adibito a «scopi artistico-culturali di pubblica utilità». Alla sua morte nel 1972, il villino fu preso in consegna e restaurato dal Ministero per i Beni Culturali e Ambientali e nel 1995 venne aperto il Museo Boncompagni Ludovisi per le Arti Decorative, il Costume e la Moda dei secoli XIX e XX.

Il Museo espone in maniera permanente gli arredi originali (poltrone, sedie, consolle di gusto rocaille, secretaire, vasi e suppellettili) e, a rotazione, le raccolte di oggetti d'arte decorativa, abiti e accessori di moda donati e acquistati dal museo. Grande rilevanza è data alla storia del costume e della moda attraverso gli abiti di celebri stilisti e di importanti sartorie che illustrano l'evoluzione della moda italiana dalla fine del XIX secolo fino agli ultimi decenni del Novecento.

Dipinti firmati dai più importanti artisti dell'Ottocento e del Novecento italiano – Camillo Innocenti, Felice Carena, Giacomo Balla e Giorgio De Chirico – ripercorrono inoltre una storia per immagini della moda e delle sue trasformazioni.

Il Museo è ora di competenza del Polo Museale del Lazio diretto da Edith Gabrielli che, insieme al suo direttore, ha dato vita a numerosi eventi, all'acquisizione di donazioni di moda e arti decorative e allo svolgimento di esposizioni di artisti italiani del XX secolo (Ludovico degli Uberti nel 2016 e Ferruccio Gard nel 2018).

Il Museo oggi si apre alla valorizzazione di artisti contemporanei di fama internazionale come Beverly Barkat, mettendo in luce il legame che Palazzo Venezia, sede del Polo Museale del Lazio, ha con la committenza precedente dell'artista israeliana che ha presentato al Museo di Palazzo Grimani, in occasione della Biennale di Venezia del 2017, la mostra Evocative Surfaces.

photo credits | referenze fotografiche
works photography | immagini delle
opere
Michael Amar, Jerusalem
exhibition photography | fotografie
in mostra
Vartivar Jaklian, Venezia

cover | copertina
Micha Weidmann Studio, London
photo | fotografia
Michael Amar, Jerusalem

pages | pagine 1, 2
Museo Boncompagni Ludovisi,
Rome

page | pagina 119
Achziv Beach, National Park, Israel

page | pagina 120
Domaine du Castel Vineyards,
Jerusalem Mountains, Israel

translations | traduzioni
Robert Burnes, Leslie Ray,
Anna Albano
for | per
Language Consulting, Milano

editing | cura redazionale
Rosanna Alberti, Lemuel Caution

reproduction and printing |
impianti e stampa
Grafiche Antiga s.p.a., Crocetta
del Montello (TV)
for | per conto di
Marsilio Editori® s.p.a., Venezia

CONTENTS
INDICE

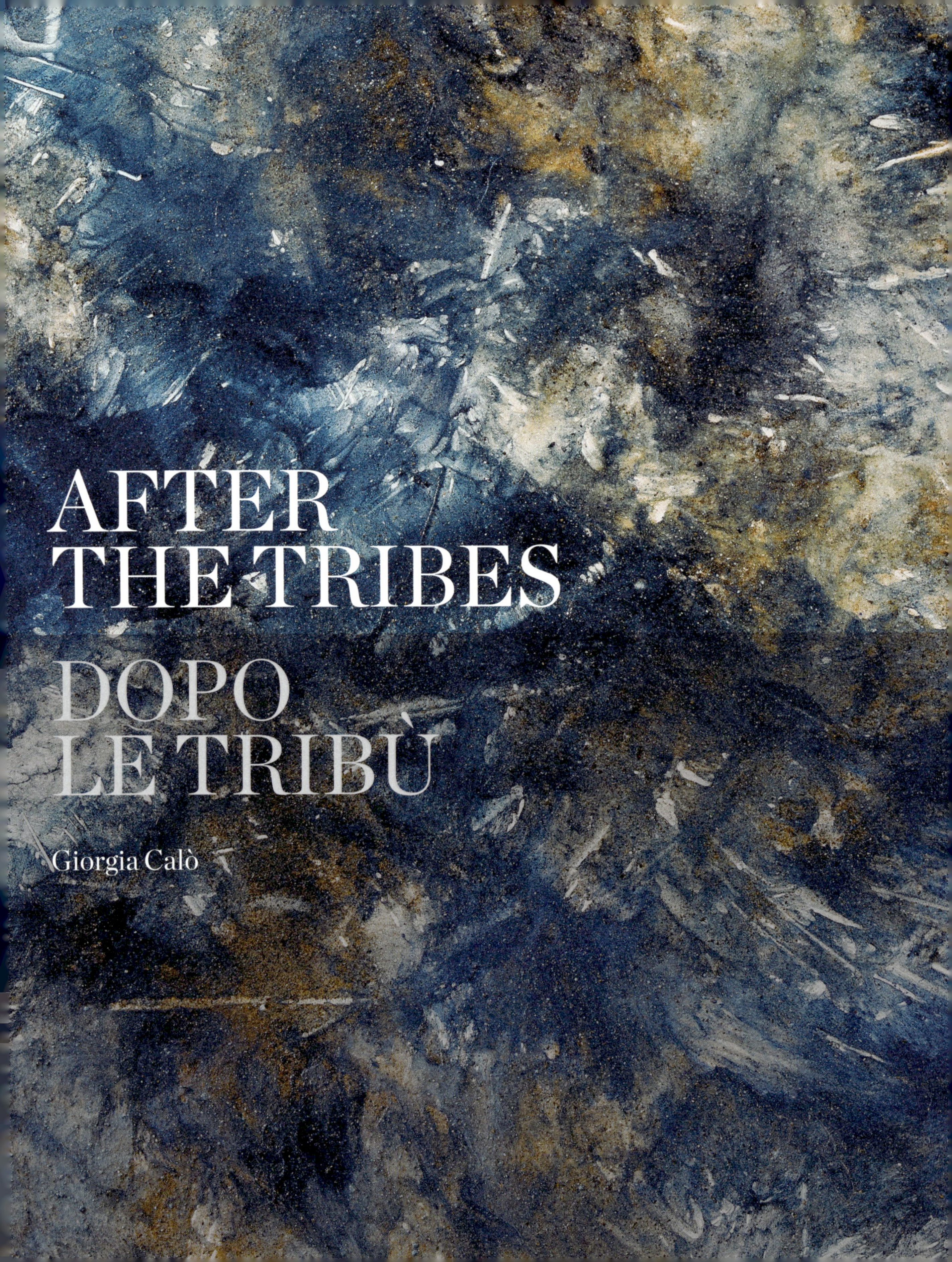

AFTER THE TRIBES

DOPO LE TRIBÙ

Giorgia Calò

Till thy people pass over, O Lord,
till the people pass over,
which thou hast purchased.
Exodus 15:16

After the Tribes, the Beverly Barkat solo exhibition at the Boncompagni Ludovisi Museum of Rome, is structured as a complex installation tailored to the space it occupies. The artist drew her inspiration for the work from the architecture of the museum, a twentieth-century urban villa, replicating in part the primary geometrical forms decorating the façade and the interiors and initiating a dialectic between the historical and the contemporary.
Four meters high, the site-specific installation tells a story, one dating back to the book of Genesis in the Old Testament. It tells the story of the twelve tribes of the Jewish nation, the twelve branches of the Israelites according to Biblical tradition, all related by blood. Each of the tribes descended from, and bore the name of, one of the twelve sons of Jacob, who would later be called Israel after battling with the angel.
The installation is composed of a metal structure forming twelve squares. A circular painting on translucent PVC, one meter in diameter, appears to float in each square. The twelve paintings are animated by a specific color pattern dictated by the ancient texts, which state that each tribe commanded its own area and was represented by a silk flag or banner bearing its symbol. The standards were of the same color as the gemstone on the *choshen*, the breastplate worn by the *kohanim* (priests). The gemstones were arranged in four rows and the name of the corresponding son of Jacob was engraved into each of them. The gems shone when the light struck them, causing the names of Israel to appear in glittering relief. According to cabalistic tradition, the bright colors and the gemstones studding the *choshen*

Finché sia passato il tuo popolo, Signore,
finché sia passato questo tuo popolo che ti sei acquistato
Esodo 15, 16

After the Tribes la mostra personale di Beverly Barkat, allestita al Museo Boncompagni Ludovisi di Roma, si struttura su un complesso contesto installativo realizzato *ad hoc* per lo spazio che la ospita. L'opera è stata concepita dall'artista ispirandosi all'architettura del villino novecentesco, riprendendone in parte le forme geometriche primarie che decorano gli interni e le facciate. Da qui comincia la dialettica tra antico e contemporaneo. L'installazione site-specific alta quattro metri, narra una storia che parte dalla Genesi della Bibbia antica. Racconta le dodici tribù, i dodici grandi gruppi che formavano il popolo ebraico legati da vincoli di parentela, nei quali, secondo la tradizione biblica, si suddivideva la popolazione israelita. Ciascuna delle tribù discendeva e portava il nome di uno dei dodici figli di Giacobbe, chiamato Israele dopo la battaglia con l'angelo.
L'opera è composta da una struttura metallica scandita in dodici riquadri, dove altrettanti dipinti su PVC semitrasparente del diametro di un metro sembrano fluttuare all'interno di ognuno di essi. Le dodici pitture circolari sono animate da una specifica trama cromatica che si rifà agli antichi testi, secondo cui ogni tribù era contraddistinta da una bandiera, o drappo di seta, con il simbolo rappresentante e presiedeva un territorio. Gli stendardi avevano il colore delle pietre preziose poste sul *chòshen*, il pettorale indossato dai *Kohanìm* (sacerdoti). Sulle dodici gemme, collocate su quattro file, erano incisi i nomi dei figli di Giacobbe. Quando la luce le colpiva, queste emettevano il loro bagliore e i nomi d'Israele apparivano in rilievo rifulgendo a loro volta. I colori vivi e le pietre preziose, incastonate nel *chòshen*, esercitavano, secondo una tradizione cabalistica, la capacità di attrarre la dimensione spirituale pre-

were able to activate the spiritual dimension imprisoned within matter. In this sense, the names of the tribes, the colors, and the gems composing the *choshen* provide a channel through which the material and spiritual dimensions may communicate. The *Kohen Gadol* (High Priest) thus wore the twelve tribes over his heart to connect them to the cosmic energy.

Although the Hebrew Bible provides a detailed description of the structure of the *choshen*,[1] there are many other ancient texts that describe it differently. The first to provide a detailed description was Josephus. Belonging to the priestly class, he may be considered a reliable source, even though there are discrepancies between his account and that in the Holy Scriptures. For example, in addition to leaving no doubt that the names engraved on the *choshen* were those of the twelve sons and not those of the twelve tribes,[2] and that the gems were arranged according to their birth order, the arrangement Josephus provides for the gems differs from that described in the Torah.[3] Historical sources have presented a fair amount of such incongruencies over the centuries, in part reflecting the lively character of the Jewish culture, with its rich weave of interpretations. Beverly Barkat, who created an installation resembling a huge priestly breastplate, also takes liberties regarding the original description.

Barkat's complex work began with the study of the wealth of cartographic materials in the archives of the National Library of Israel. The artist draws on the two principal cartographic traditions used in representing the fascinating story of the twelve tribes: a religious tradition, based mainly on the Torah, and a classical tradition, which laid the foundation for modern map making.[4] The artist offers us the history of the Jewish people and their identity as a nation in this impressive work. She seems to suggest that each tribe is independent, each with its own domain, but at the same time cannot exist without the others.

1

sente e imprigionata nella materia. I nomi delle tribù, i colori, le pietre che costituiscono insieme il *chòshen* sono, in questo senso, il modo in cui diverse dimensioni, materiali e spirituali, comunicano simbolicamente. Il *Kohèn Gadòl* (Sommo Sacerdote) portava dunque sul cuore le dodici tribù per collegarle con l'energia cosmica.

Benché già appaia nella Bibbia ebraica una descrizione dettagliata della struttura del *chòshen*[1], numerosi altri testi antichi ce lo descrivono diversamente. Il primo a tramandare una cronaca puntuale fu Giuseppe Flavio. Appartenendo alla classe sacerdotale, la sua può essere considerata una fonte attendibile, anche se presenta alcune discrepanze con le Sacre Scritture. Ad esempio, oltre a non lasciare dubbi sul fatto che sul *chòshen* fossero incisi i nomi dei figli di Giacobbe e non delle dodici tribù[2], e che le pietre furono poste seguendo il loro ordine di nascita, le gemme da lui descritte non seguono la disposizione dettata dalla Torah[3]. Le fonti, nei secoli, hanno spesso presentato questo genere di incongruenze, date anche dal tessuto vivo della cultura ebraica, ricca di interpretazioni. La stessa Beverly Barkat, che di fatto ha creato un'installazione con le fattezze di un gigantesco pettorale sacerdotale, interpreta liberamente la descrizione originale.

Il complesso lavoro di Barkat parte dagli studi del ricco patrimonio cartografico conservato alla National Library of Israel. L'artista si rifà a due principali tradizioni cartografiche che dominano l'affascinante storia delle dodici tribù: quella religiosa, basata principalmente sulla Torah, e quella della tradizione classica che ha gettato le basi della moderna cartografia[4]. L'artista attraverso questo imponente lavoro ci offre la storia del popolo ebraico e della sua identità nazionale. Ogni tribù, sembra suggerirci, è autonoma e ha un proprio dominio, ma al contempo non può esistere singolarmente. Ogni area è in realtà uno spazio aperto e connesso ad altri spazi in modo da metterli in relazione tra loro diventando un unico luogo, un'eterotopia[5]. L'opera di Barkat in questo senso non è ciò che appare ma ciò che comunica, in una sorta di *trompe-l'œil* astratto e tridimensionale che va oltre l'immagine figurativa e sembra dialogare in qualche

Each area is, in reality, an open space connected to and interrelating with other spaces, creating a single space, a heterotopia.[5] In this sense, Barkat's work is not so much what is seen, but rather what is communicated via a sort of abstract, three-dimensional *trompe-l'œil* that transcends the figurative image and seems to enter into dialogue with the tree-lined lanes and park of Villa Ludovisia painted on the walls of the Salone delle Vedute, where the installation is located. For example, the artist completely abandons the figurative symbolism in the Pentateuchal narration of Jacob's blessings of each of his children, where they are likened to animals or plants. Thus, Judah does not appear as a lion in her works, nor does Issachar as an ass, Naphtali as a deer, Benjamin as a wolf, and so on. In this sense, Barkat's art is aniconic, abstract, and conceptual, in keeping with the Hebraic artistic tradition based on a Biblical precept which forbids the reproduction of images. Nevertheless, she succeeds in evoking a profound meaning.

Her work also differs from well known examples in the history of art. Think of Marc Chagall's windows in the synagogue of the Hadassah Medical Center in Jerusalem, of the metaphor no longer illustrated with words but with images, or of the portraits of the seventeenth-century Spanish artist Francisco de Zurbarán,[6] whose iconography derives from the Book of Genesis, just to provide a few examples. In her conceptual process, Barkat inflects the symbol as material, the image transforms into color, and the support becomes three-dimensional, suggesting cosmic mutability. The twelve paintings share features with the planets inhabiting the heavenly space. Indeed, the signs of the Zodiac are often identified with the twelve sons of Jacob.[7] Once again it is Josephus who points out the correspondence between the gemstone on the *choshen* and the constellations of the Zodiac and the months of the year.[8]

Barkat's work concentrates on color and material to produce a complex universe of symbols and citations, which she accesses via her unmistakable painterly gesture, drawing inspiration as much from classical tradition as from mod-

maniera con le pitture murali dei viali alberati e del parco di Villa Ludovisia, dipinti sulle pareti del Salone delle Vedute che ospita l'installazione. Ad esempio, l'artista tralascia completamente il simbolismo figurativo con cui la Torah ci narra la benedizione di Giacobbe su ciascuno dei suoi figli, paragonandoli ad animali e piante. Nei suoi dipinti non appaiono il leone che rappresenta Yehuda, l'asino Issachar, la cerva Naftalì, il lupo Binjamin e così via. L'arte di Barkat è in questo senso aniconica, astratta e concettuale come vuole la tradizione artistica ebraica che, seguendo un precetto biblico, vieta la riproduzione di immagini, tuttavia riesce a evocarne i suoi contenuti profondi. È un lavoro, il suo, diverso anche dai celebri esempi che ci offre la storia dell'arte. Si pensi alle vetrate di Marc Chagall nella sinagoga dell'ospedale Hadassah di Gerusalemme, alla metafora che da illustrata con la parola diventa immagine, o ai ritratti dell'artista spagnolo del XVII secolo Francisco de Zurbarán[6], che affonda le radici iconografiche nel libro della Genesi, solo per fare alcuni esempi. Seguendo un processo concettuale Barkat declina il simbolo nella materia, l'immagine si trasforma in colore e il supporto diventa tridimensionale, suggerendo la mutevolezza cosmica. Per le loro fattezze, i dodici dipinti somigliano infatti ai pianeti che abitano lo spazio celeste. Del resto, come è noto, i segni dello zodiaco vengono spesso identificati con i dodici figli di Giacobbe[7]. Anche in questo caso è Giuseppe Flavio a spiegarci come le gemme del *chòshen* abbiano una corrispondenza con le costellazioni zodiacali e con i mesi dell'anno[8].

Il lavoro dell'artista si concentra dunque sul colore e sulla materia per approdare a un complesso universo di simboli e citazioni, e lo fa mediante il suo inconfondibile gesto pittorico che trae ispirazione tanto dalla tradizione classica, quanto dai movimenti dell'arte moderna come l'Espressionismo astratto. I colori che usa Barkat nei singoli dipinti derivano dal terreno raccolto nei luoghi in cui ognuna delle dodici tribù dimorava, dalla gemma che li rappresenta e dalla combinazione di colori associata alla loro professione. Singoli elementi naturali come gusci, rocce e terra ven-

ern art movements such as abstract expressionism. The colors she uses in the individual paintings derive from soil collected from the lands where each of the twelve tribes dwelt, and from the color scheme associated with the tribes' profession. Individual natural elements such as shells, rocks, and soil are ground up and then mixed with acrylic medium and pastel pigments to create a specific color palette formed of various hues for each tribe. She thus evokes the stories of the twelve children of Israel without resorting to figurative images.

For the painting representing the tribe of Reuben, Barkat included the tribe's symbolic gemstone, the ruby. Simeon, who was not given land in punishment for having killed the men of Shechem as a vendetta for the rape of his sister Dinah, lived in the land of Judah; Barkat symbolizes him using topaz. Levi was also landless and his tribe was to officiate at the tabernacle of the congregation; his gemstone is the emerald, which Barkat mixes with the colors of the other tribes, forming a sort of matrix. For Judah, the colors of the desert are mixed with garnet, and with citrine for Dan. The ochers, sandy hues, and reds of the soils are mixed with fragments of amethyst for Gad and with agate for Naphtali, inverting the combinations specified in the Holy Scriptures. Asher has the intense blue-green color of aquamarine, Issachar that of lapis lazuli; Zebulun corresponds to the diamond, and Joseph to onyx. The latter was the only one to divide his land among his sons, Manasseh and Ephraim, and so Barkat represents him with a combination of two colors—one was made using onyx and the other came from all the tribes' palettes—in obliquely hatched strokes. Lastly, Benjamin's gemstone is the jasper, which the Torah states was a direct gift from G-d and the first stone of Jerusalem.

Each of Barkat's works is unique and unrepeatable. It is the sum of the elements that distinguish the character and forge the temperament of each tribe. We may thus define her work as being alchemical, in that she transmutes substances, going beyond the physical to imbue them with mystical and spiritual qualities. The elements used by the

gono macinati e poi mescolati con colori acrilici e pigmenti pastello per creare una tavolozza individuale, formata da varie tonalità cromatiche per ciascuna tribù. È in questo modo che l'artista evoca, senza il bisogno di ricorrere a immagini figurative, la storia dei dodici figli d'Israele.

Così, per il dipinto che rappresenta Reuben, Barkat include la gemma simbolica della tribù, il rubino. Shimon, a cui non era stata data la terra come punizione per avere ucciso gli uomini di Sechem dopo la vendetta per lo stupro della sorella Dina, abitava nella terra di Yehuda e la pietra attribuitagli dall'artista è il topazio. Nemmeno Levi aveva una terra e la sua tribù doveva essere al servizio della tenda della radunanza, la sua pietra è lo smeraldo, che Barkat impasta con i colori delle altre tribù formando una sorta di griglia. I colori del deserto si mescolano invece al granato per Yehuda e al citrino per Dan. Gli ocra, le sabbie e i rossi delle terre sono impastati con i frammenti di ametista per Gad e di agata per Naftalì, invertendone l'abbinamento dettato dalle Sacre Scritture. Asher ha il colore blu-verde intenso dell'acquamarina, mentre sono usati il lapislazzuli per Issachar, il diamante per Zebulun, l'onice per Yosèf. Quest'ultimo è l'unico ad avere diviso la propria terra con i due figli Efráym e Menasheh, pertanto Barkat lo rappresenta con una combinazione di due colori: uno realizzato con l'onice e l'altro utilizzando le palette delle altre tribù, con tratti obliqui che si incrociano tra loro. Infine a Benyamin il diaspro che secondo la Torah è stato un dono diretto di D. come prima pietra di Gerusalemme.

Ogni singola opera realizzata da Barkat è unica e irripetibile, è la somma degli elementi che contraddistinguono il carattere di ciascuna tribù, che forgiano il loro temperamento. Pertanto potremmo definire il suo lavoro alchemico, nel momento in cui trasmuta le sostanze assumendo connotati mistici e spirituali, oltre che fisici. Come gli elementi usati dall'artista una volta mescolati sono indivisibili, così le dodici tribù, sembra affermare Barkat, non si possono separare, la loro fusione è determinante per l'esistenza della nazione ebraica.

artist become indivisible once mixed, and so it is with the twelve tribes. Barkat seems to be saying that they cannot be separated, their fusion is fundamental for the existence of the Jewish nation.

The visitor beholding the work plays an important role. The installation takes on a different appearance depending on the position of the observer, becoming architecture, a shifting, moving place, similar to matter itself in Jewish thought. The twelve paintings on PVC are visible to the observer from both sides. One side—where the artist applied her materials—is thickly impastoed and textured, the other, seen through the semitransparent PVC, reveals the layers of color, the painterly marks, and their real consistency under a smooth, glossy film.

All figuration stripped away, color and material compose a narrative of this ancient story. Barkat's painterly gestures evoke a physical, concrete state that transforms into imagination and spirituality. Time and space thus play a fundamental role: they seem to freeze, giving rise to a place rich in symbolic and historical references.

We may interpret Barkat's installation as a journey, a pathway that leads to a dialogue between man and Place, which appears to be the essence of her work. Whether it is interpreted in concrete terms as a material territory, or idealized as an immaterial, mystical space, the Place is the representation of a cultural heritage, it is the equilibrium between the person and the dwelling place, it is a metaphysical space that can be transplanted anywhere one goes. In this sense, Beverly Barkat's work is a journey both outward and inward. *Makom* is a Hebrew word meaning "The Place" and it is also one of the names of G-d. For the first cabalists and for Aristotle, "place" and "space" were identical. As we read in the rabbinical literature: "He is the place of the world, but the world is not His place." In both the *Tehillim* (Book of Psalms) and the *Pirkei Avot* (Chapters of the Fathers), there are repeated references to the land and the house as a place of belonging, whence one sets forth both physically and spiritually.

Il visitatore gioca un ruolo importante nel momento di fruizione dell'opera. L'installazione si presenta infatti in maniera diversa in base alla posizione di chi la osserva, diventando architettura, luogo mutevole e in movimento, così come la materia stessa secondo il pensiero ebraico.

I dodici dipinti su PVC si offrono allo sguardo dello spettatore in entrambi i lati: una parte è ruvida e materica – è il lato su cui ha lavorato direttamente l'artista –, l'altra, che si scorge attraverso la trasparenza del supporto, mostra gli strati di colore, i segni e la loro reale consistenza sotto una pellicola liscia e lucida.

Come abbiamo già avuto modo di dire, benché sia completamente assente il tema figurativo, il colore e la materia riescono a restituire un valore narrativo a questa antica storia, caratterizzata anche dall'azione pittorica che rimanda a uno stato fisico e concreto, per poi trasformarsi in immaginazione e spiritualità. Il tempo e lo spazio hanno in questo senso un ruolo fondamentale, sembrano congelarsi dando luogo a un "ambiente" ricco di riferimenti simbolici oltre che storici.

Possiamo interpretare l'installazione di Barkat come un viaggio, un percorso che conduce a un dialogo tra l'uomo e il "luogo", che appare essere l'essenza del suo lavoro. Sia che venga concepito in termini concreti come territorio materiale, o idealizzato in uno spazio immateriale e mistico, il luogo è la rappresentazione di un'eredità culturale, è l'equilibrio tra la persona e il posto che abita, è uno spazio metafisico che può essere trapiantato ovunque si vada. In questo senso l'opera di Beverly Barkat è un viaggio all'esterno e al contempo rivolto verso di sé. *Maqòm* è la parola che in ebraico significa "luogo" ed è anche uno dei nomi di D. Per i primi cabalisti, così come per Aristotele, "luogo" e "spazio" erano identici. Conformemente a quanto sostiene la letteratura rabbinica: «Egli è il Luogo del Suo mondo, ma il Suo mondo non è il Suo Luogo». Non è un caso che nei *Tehillim* (Salmi di Davide) e nel *Pirkè Avot* (Massime dei Padri) ci siano continui riferimenti alla terra, alla casa come luogo di appartenenza e da cui ci si sposta, in modo fisico oltre che ideale.

To better understand this journey, we must go further back, to Abraham, the first man in history to become a Jew when G-d summoned him to go forth from his home with the command *Lech-Lecha*, which literally means "go to you." Abraham will later respond "*hineini*" (here I am) when G-d calls on him to sacrifice his son Isaac. Once again we find an explicit geolocation in the Torah, but the place is nothing more than the self or a migrating self, a place of identity as well as a territorial and physical place, which shifts the accent from "here" to "where."

Another word in Hebrew that indicates the name of G-d is El, which is also the preposition "to," suggesting continuing formation and evolution with respect to the fixity of the point of departure. In this perpetual journey, the festivals and holidays punctuating the Hebrew calendar are the contemplative stages of the infinite facets of human existence, delineating the continual journeying of the soul. Bruno Zevi writes: "The temporal conception has always prevailed, in that Judaism in no way can be reduced to a spatial conception. This is denied, at the root, by the very Judaic idea of G-d."[9]

The covenant to make Israel the people of the Lord and lead them to the Promised Land was sealed with the building of the *Mishkan* (tabernacle). The Tabernacle traveled with the people on their exodus and it was thus necessary to establish the order in which the tribes were arranged around it, following a strict symmetry and an architectural concept of society. The *Mishkan* is thus where time meets space, and the tribes are distributed around it, three at each of the four cardinal points: Dan, Asher, and Naphtali to the north; Zebulun, Judah, and Issachar to the east; Gad, Reuben, and Simeon to the south; and Benjamin, Ephraim, and Manasseh to the west.[10] The arrangement of the gems emblemizing the tribes is related to the positions of the tribes both while camped and while journeying. The Tabernacle thus becomes a microcosm of the entire cosmos, an earthly image of all of creation and the mobile nature

Per comprendere meglio questo passaggio bisogna andare ancora più indietro, ad Abramo, il primo ebreo della storia che diventa tale quando D. lo esorta a lasciare la sua casa con il monito «Lech lechà» che letteralmente significa «va verso te stesso». E sempre Abramo, più avanti, risponderà «Inneni» (Eccomi, sono qui!) a D. che lo cerca per il sacrificio di suo figlio Isacco. Ancora una volta troviamo nella Torah un'esplicita geolocalizzazione, ma il luogo non è altro che sé o un sé migrante, è un luogo identitario oltre che territoriale e fisico, che trasporta l'accento dal "qui" al "dove".

Un'altra parola che indica il nome di D. in ebraico è *El*, e sempre in ebraico *el* è la preposizione di moto a luogo, suggerendo la continua formazione, l'evolversi scandito dal raffronto con la fissità del punto di partenza. In questo viaggio perpetuo le feste e le ricorrenze che scandiscono il calendario ebraico sono le tappe contemplative delle infinite sfaccettature dell'esistenza umana, delineando il continuo viaggio dell'anima. Nel saggio *Ebraismo e concezione spazio-temporale nell'arte*, Bruno Zevi afferma: «La concezione temporale ha però sempre prevalso, in quanto l'ebraismo da nessun punto di vista è riducibile a una concezione spaziale. La nega, alla radice, la stessa idea ebraica di D.»[9].

Con l'erezione del *Mishkàn* (Tabernacolo) si sigilla il patto di fare di Israele il popolo del Signore e di condurlo verso la Terra Promessa. Poiché il Tabernacolo si muoveva con il popolo, fu necessario stabilire l'ordine in cui le tribù dovevano essere collocate intorno a esso, seguendo un severo senso della simmetria e un concetto architettonico della società. Il *Mishkàn* è l'incontro dunque tra il tempo e lo spazio, ed è intorno a esso che si distribuiscono le tribù, tre per ciascuno dei quattro punti cardinali. A Nord: Dan, Asher e Naftalì; a Est: Zebulun, Yehuda e Issachar; a Sud: Gad, Reuben e Shimon; a Ovest: Benyamin, Efráym e Menasheh[10].

La disposizione delle pietre, emblemi delle tribù, è da collegare con il loro schieramento sul campo e in marcia. Il Tabernacolo diviene così microcosmo del cosmo intero, l'immagine sulla terra della creazione nella sua globalità e

of G-d. It is mankind's awareness of our place in the universe and of the union of heaven and earth, where the four elements of the Kingdom coexist.[11]

Beverly Barkat's work presents itself in all its physicality, partially via the use of solid materials such as metal, while at the same time seeming to dematerialize before our eyes, to change into something else, passing from the consistency of iron to the transparency of PVC, all according to a strict order. The colors, along with the gemstones on the breastplates of the *kohanim* providing the inspiration for the structure of the installation, project us into another dimension, in which space is annulled and the place becomes imaginary, evoking—we might say—a story reaching back across the millennia.

[1] "And thou shalt make the breastplate of judgment with cunning work; after the work of the ephod thou shalt make it; of gold, of blue, and of purple, and of scarlet, and of fine twined linen, shalt thou make it. Foursquare it shall be being doubled; a span shall be the length thereof, and a span shall be the breadth thereof. And thou shalt set in it settings of stones, even four rows of stones: the first row shall be a sardius, a topaz, and a carbuncle: this shall be the first row. And the second row shall be an emerald, a sapphire, and a diamond. And the third row a ligure, an agate, and an amethyst. And the fourth row a beryl, and an onyx, and a jasper: they shall be set in gold in their inclosings. And the stones shall be with the names of the children of Israel, twelve, according to their names, like the engravings of a signet: every one with his name shall they be according to the twelve tribes." (Exodus 28:15–21 [KJV]).

[2] See Samuele Rocca, "The Twelve Tribes," published in this catalogue.

[3] Josephus, *Antiquities of the Jews, Vol. III, Chapter 7, Paragraph 5.*

[4] Maps representing the Promised Land, located where Africa, Asia, and Europe meet, recapitulate the history of cartography itself, representing the world's longest sequence of uninterrupted mapmaking. See Ariel Tishby, *Holy Land in Maps* (Jerusalem: The Israel Museum, 2001).

[5] "The heterotopia is capable of juxtaposing in a single real place several places, several sites that are in themselves incompatible." M. Foucault, "Of Other Spaces: Utopias and Heterotopias," translated by Jay Miskowiec, in *Architecture/Mouvement/Continuité*, October 1984, 6.

[6] Francisco de Zurbarán, *The Twelve Tribes of Israel: Jacob and His Twelve Sons* (1640–1645), a series of life-sized works depicting Old Testament figures, and in particular Jacob on his deathbed, bestowing blessings on each of his sons foretelling their destinies. The works were recently featured in the exhibition *Zurbarán: Jacob and His Twelve Sons: Paintings From Auckland Castle*, Frick Collection, New York, 2018.

[7] D. Wormack, *12 Signs, 12 Sons: Astrology in the Bible* (San Francisco: Harper &Row, 1978).

[8] Josephus, Chapter 7, Paragraph 7.

[9] B. Zevi, "Ebraismo e concezione spazio-temporale nell'arte" (Judaism and the conception of space and time in art), in *La rassegna mensile di Israel*, Rome 1974, 2.

[10] D. Lattes, "Libro IV—Be Midbar o Numeri," in *Nuovo commento alla Torah* (Rome: Carucci Editore, 1986), 429–436.

[11] N. Shenkar, *L'arte ebraica e la cabala* (Milan: Spirali, 2000), 40–41. Original title *L'art juif et la Kabbale* (Paris: NiL éditions, 1996).

della natura mobile di D. È la coscienza per l'uomo del suo posto nell'universo e dell'unione tra cielo e terra, dove i quattro elementi del regno coabitano[11].

Per concludere, il lavoro di Beverly Barkat si presenta in tutta la sua fisicità, dovuta anche all'uso di materiali solidi come il metallo. Al contempo però sembra smaterializzarsi sotto i nostri occhi, mutare in altro, passando dalla consistenza del ferro alla trasparenza del PVC. Tutto scandito da un rigoroso ordine. Il colore così come le pietre preziose poste sul pettorale dei *Kohanìm*, da cui prende ispirazione la stessa struttura dell'installazione, ci proiettano in una dimensione altra, in cui lo spazio si annulla e il luogo diventa immaginario, evocativo, potremmo dire, di una storia che risale a millenni fa.

[1] «Farai il pettorale del giudizio, artisticamente lavorato fatto allo stesso modo del dorsale, oro, azzurro, porpora, scarlatto, lino ritorto. Sarà quadrato e ripiegato in due; avrà la lunghezza d'una spanna, e una spanna di larghezza. Lo guarnirai di pietre incassate, che formeranno quattro ordini orizzontali; in un ordine vi sarà sardonio, topazio, smeraldo, così sarà la prima fila. Seconda fila: rubino, zaffiro e diamante. Terza fila: opale, agata e ametista. Quarta fila: crisolito, onice, diaspro. Queste pietre saranno incassate nei loro castoni d'oro. Queste pietre corrisponderanno ai nomi dei figli d'Israele, e saranno in numero di dodici, secondo il numero dei loro nomi; saranno incise come dei sigilli, ciascuna col nome di una delle dodici tribù» (Esodo 28: 15-21).

[2] Si rimanda al testo di Samuele Rocca, *The Twelve Tribes*, pubblicato in questo catalogo.

[3] Giuseppe Flavio, *Antichità Giudaiche III*, 167-169.

[4] Le mappe rappresentanti la Terra Promessa, situata al crocevia tra Africa, Asia ed Europa, incarnano la storia della stessa cartografia, rivelando la sequenza ininterrotta più lunga di mappatura nel mondo. Cfr. A. Tishby, *Holy Land in Maps*, Jerusalem 2001.

[5] «L'eterotopia ha il potere di giustapporre, in un unico luogo reale, diversi spazi, diversi luoghi che sono tra loro incompatibili...», in M. Foucault, *Spazi Altri*, Milano 2003, p. 28.

[6] Francisco de Zurbarán, *Le dodici Tribù d'Israele. Giacobbe e i suoi figli* (1640-1645), una serie di poderose opere tratte dall'Antico Testamento, in particolare il momento in cui Giacobbe, sul letto di morte, convoca i figli rivolgendo a ognuno un augurio che avrebbe modificato le loro sorti. Si segnala la recente *Zurbarán. Jacob and His Twelve Sons. Paintings from Auckland Castle*, catalogo della mostra (Dallas, The Meadows Museum, 17 settembre - 7 gennaio 2017; New York, Frick Collection, 31 gennaio - 22 aprile 2018), Seattle 2017.

[7] D. Wormack, *12 Signs, 12 Sons. Astrology in the Bible*, San Francisco 1978.

[8] Giuseppe Flavio, *Antichità Giudaiche* cit., III, 181-187.

[9] B. Zevi, *Ebraismo e concezione spazio-temporale nell'arte*, estratto da «La rassegna mensile di Israel», 40, 1974, p. 2.

[10] D. Lattes, *Libro IV – Be Midbar o Numeri*, in *Nuovo commento alla Torah*, Roma 1986, pp. 429-436.

[11] N. Shenkar, *L'arte ebraica e la Cabala*, Milano 2000, pp. 40-41 (ed. orig. N. Shenkar, *L'art juif et la Kabbale*, Paris 1996).

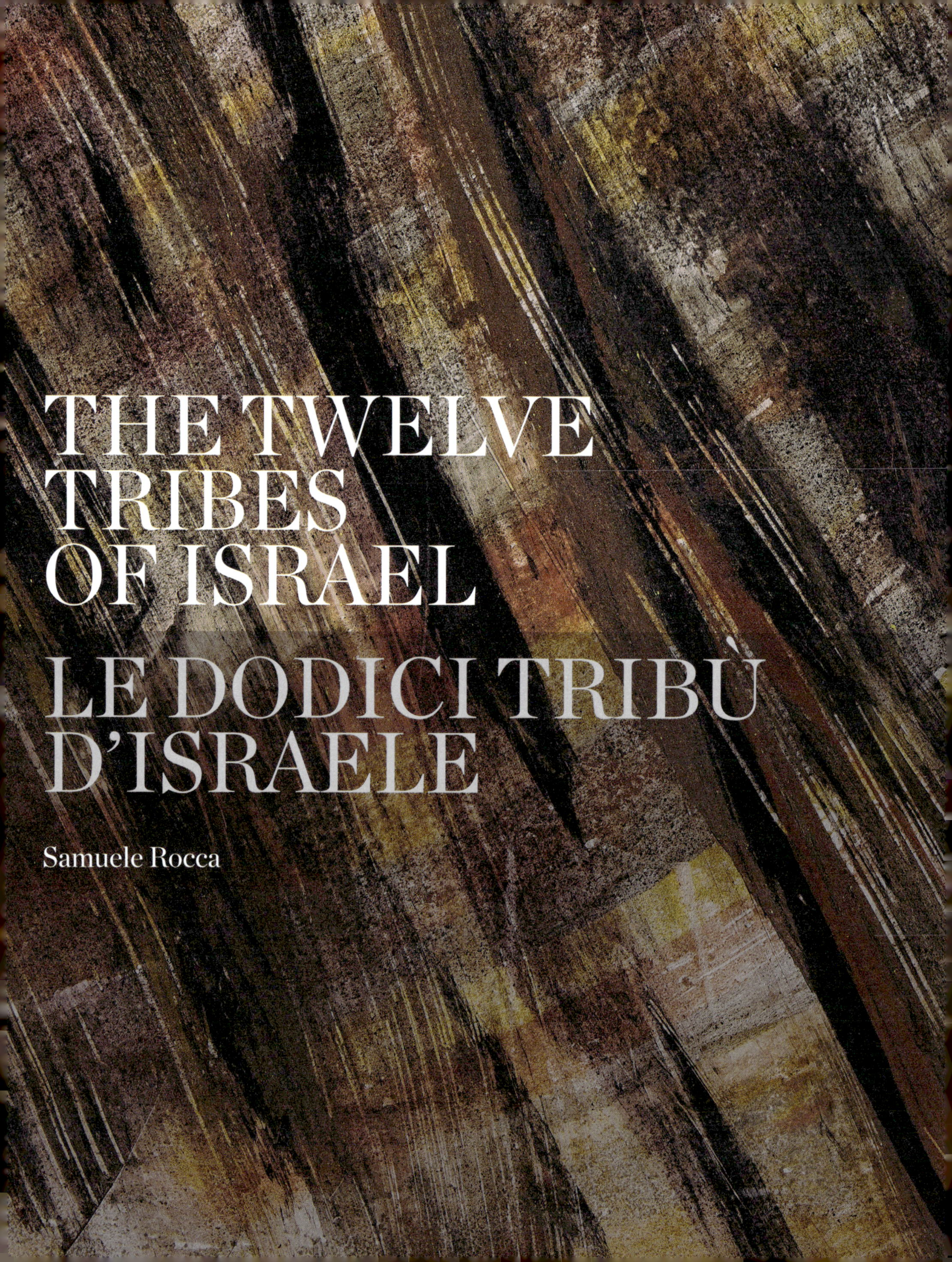

THE TWELVE TRIBES OF ISRAEL

LE DODICI TRIBÙ D'ISRAELE

Samuele Rocca

According to the Bible, the Twelve Tribes of Israel trace their origin to the sons of Jacob (Genesis 32:22-32; Hosea 12:4). Jacob had twelve sons, six by his first wife Leah (Reuben, Simeon, Levi, and Judah—Genesis 29: 32-35) and then Issachar and Zebulun (Genesis 30: 17–20), two by his second beloved wife Rachel (Joseph and Benjamin—respectively Genesis 30: 22–24 and 35: 16–18), two by Rachel's handmaid Bilhah (Dan and Naphtali—Genesis 30: 6–8), and two more by Leah's handmaid Zilpah (Gad and Asher—Genesis 30: 10–13). The standing of all of Jacob's sons as well as his two grandsons by Joseph (Genesis 49: 22–26) as his heirs is consecrated by their father and grandfather's blessing (Genesis 49: 1–27). Jacob's final blessing to his sons serves to emphasize the dichotomy between the brothers and the fact that they are all members of the same family. Indeed, in the Bible, on one hand, the Israelites are known as the Twelve Tribes, a definition that stresses difference and plurality, and on the other hand, collectively, they were known as the Sons of Israel. According to Josephus (Josephus, *Jewish Antiquities*, II.195) as well as the Rabbis, the word *shevatim*, or tribes, is used to indicate the twelve sons of Jacob as well as the Twelve Tribes of Israel descended from them. Thus, beginning in the Bible, there is a dichotomy between Jacob's sons and the Twelve Tribes. This dichotomy is easily explained as Levi did not inherit a portion in the Land of Israel because his offspring were the Levites and the priests, who were barred from inheriting any allotment of the Land of Israel. Jacob's two main heirs are Judah and Joseph. The contrast between them is already present in the Pseudepigrapha, such as in the Book of Enoch relating of the Messiah, son of Joseph.[1] For the Rabbis (JT, Brachot 2:4, 5a; BT, Sanhedrin 98b; BT, Sukkah 52a/b), it was obvious that Judah, and not Joseph, was the ultimate heir of Jacob. Therefore, according to the Rabbis, the Messiah from the womb of Joseph, Menachen Ben Hezekiah, once he defeated Gog and

Le benedizioni di Giacobbe e le dodici tribù
Secondo la Bibbia, le dodici tribù d'Israele traggono la loro origine dai figli di Giacobbe (Gen. 32: 22-32; Os. 12: 4). Giacobbe ebbe dodici figli, sei dalla prima moglie Leah – Reuben, Shimon, Levi e Yehuda (Gen. 29: 32-35), poi Issachar e Zebulun (Gen. 30: 17-20) –, due dalla seconda amata moglie Rachele – Yosèf (Gen. 30: 22-24) e Benyamin (Gen. 35: 16-18) –, due da Bilhah, serva di Rachele – Dan e Naftalì (Gen. 30: 6-8) –, e altri due da Zilpah, serva di Leah – Gad e Asher (Gen. 30: 10-13). Il ruolo di tutti i figli di Giacobbe e dei suoi due nipoti figli di Yosèf (Gen. 49: 22-26) come suoi eredi è consacrato dalla benedizione del padre e nonno (Gen. 49: 1-27). La benedizione finale di Giacobbe ai suoi figli serve a sottolineare la dicotomia tra i fratelli e il fatto che sono tutti membri della stessa famiglia. Nella Bibbia, infatti, da un lato gli israeliti sono conosciuti come le dodici tribù, una definizione che sottolinea la differenza e la pluralità, e, dall'altro, collettivamente, come i figli di Israele. Secondo Flavio Giuseppe (*Antichità giudaiche* II.195) e i Maestri, la parola *shevatim*, o tribù, è usata per indicare i dodici figli di Giacobbe così come le dodici tribù d'Israele che ne discesero. Così, a partire dalla Bibbia, esiste una dicotomia tra i figli di Giacobbe e le dodici tribù. Questa dicotomia si spiega facilmente poiché a Levi, in quanto progenitore di leviti e sacerdoti, fu preclusa l'eredità di qualunque parte della Terra d'Israele.
I due eredi principali di Giacobbe sono Yehuda e Yosèf. Il contrasto tra i due è già presente in testi apocrifi come il Libro di Enoch, che riferisce del Messia, figlio di Yosèf[1]. Per i Maestri (TY, Berachot 2:4, 5a; TB, Sanhedrin 98b; TB, Sukkah 52a/b), era evidente che l'erede primario di Giacobbe era Yehuda e non Yosèf. Perciò, secondo loro, il Messia proveniente dal grembo di Yosèf, Menachem ben Hezekiah, una volta sconfitto nella guerra apocalittica il regno di Gog e Magog, avrebbe preparato la strada per Elia, il Messia definitivo della progenie di Yehuda. Eppure,

Magog in the apocalyptic war, would prepare the way for the ultimate Messiah, Elijah, from the womb of Judah. And yet Rabbinical literature conserves various *midrashim,* which focus on all the Twelve sons of Jacob, emphasizing their positive traits. Thus, the entire universe was created thanks to all the Twelve Tribes of Israel, together (Ex. R. 15:6). Other *midrashim* emphasize the standing of the other sons of Israel. A *midrash* focuses on the purity of the Tribe of Levi, shared by the Tribes of Reuben and Simeon (Num. R. 13:8). While all the others tribes, once enslaved in Egypt, became idolatrous, Reuben, Simeon, and Levi remained faithful to God. Benjamin, the last of Israel's children, enjoyed a privileged position as the area where the Temple would be erected was part of his own allotment of the Land of Israel (Sif. Deut. 3:5, 352). Last but not least, according to the midrash, the names of the Twelve Tribes of Israel are always mentioned in a different order, so no one would ever think that the tribes descending from the 'mistresses' Rachel and Leah were more important than those descending from their 'handmaids' Bilhah and Zilpah (Ex. R. 1:6).

The Twelve Tribes in archaeology and epigraphy
The earlier historical reference to the Israelites were found in the stele of the pharaoh Merneptah who boasted, quite implausibly, that Israel was left waste and seedless.[2] According to the Book of Joshua, all the Israelite tribes conquered and settled the country under the leadership of Joshua, who succeeded to Moses, in a very short span of time. The Book of Joshua is our main source for the settlement of the Twelve Tribes. The book describes in detail the general area settled by the Twelve Tribes (Joshua 15–19). From north to south, the Tribes of Asher and Naphtali settled in the northern part of Galilee, which is characterized by mountains, Asher to the west near the sea and Naphtali

2

la letteratura rabbinica conserva diversi *midrashim* che si concentrano su tutti i dodici figli di Giacobbe, sottolineandone i tratti positivi. Così, l'intero universo è stato creato per merito di tutte le dodici tribù d'Israele (Es. R. 15:6). Altri *midrashim* sottolineano il ruolo degli altri figli di Israele. Un *midrash* si concentra sulla purezza della tribù di Levi, condivisa dalle tribù di Reuben e Shimon (Num. R. 13:8). Mentre tutte le altre tribù, un tempo schiave in Egitto, avevano ceduto all'idolatria, Reuben, Shimon e Levi avevano conservato la loro fede in D. Benyamin, l'ultimo dei figli di Israele, godeva di una posizione privilegiata poiché l'area sulla quale sarebbe stato eretto il Tempio faceva parte della sua assegnazione di Terra d'Israele (Sif. Deut. 3:5, 352). Ultimo ma non meno importante, secondo il *midrash,* i nomi delle dodici tribù d'Israele sono sempre citati in un ordine diverso, per cui nessuno potrebbe mai pensare che le tribù progenie delle "padrone", Rachele e Leah, fossero più importanti di quelle che discendevano dalle loro ancelle, Bilhah e Zilpah (Es. R. 1:6).

Le dodici tribù in archeologia ed epigrafia
Il più antico riferimento extrabiblico agli israeliti è contenuto nella stele del faraone Merneptah che si vantava, del tutto inverosimilmente, di avere lasciato Israele devastato e privo di discendenza[2]. Il Libro di Giosuè riferisce che tutte le tribù israelite conquistarono il paese e vi si stabilirono, sotto la guida di Giosuè, succeduto a Mosè, in un arco di tempo molto breve. Il Libro di Giosuè, la nostra principale fonte di notizie per l'insediamento delle dodici tribù, descrive in dettaglio l'area generale che occuparono (Giosuè 15-19). Da nord a sud, le tribù di Asher e Naftalì si stabilirono nella parte settentrionale della Galilea, una zona montuosa, Asher a ovest, vicino al mare, e Naftalì a est, al confine con la costa occidentale del mare di Galilea. Le tribù di Zebulun e Issachar si stabilirono in una zona più limi-

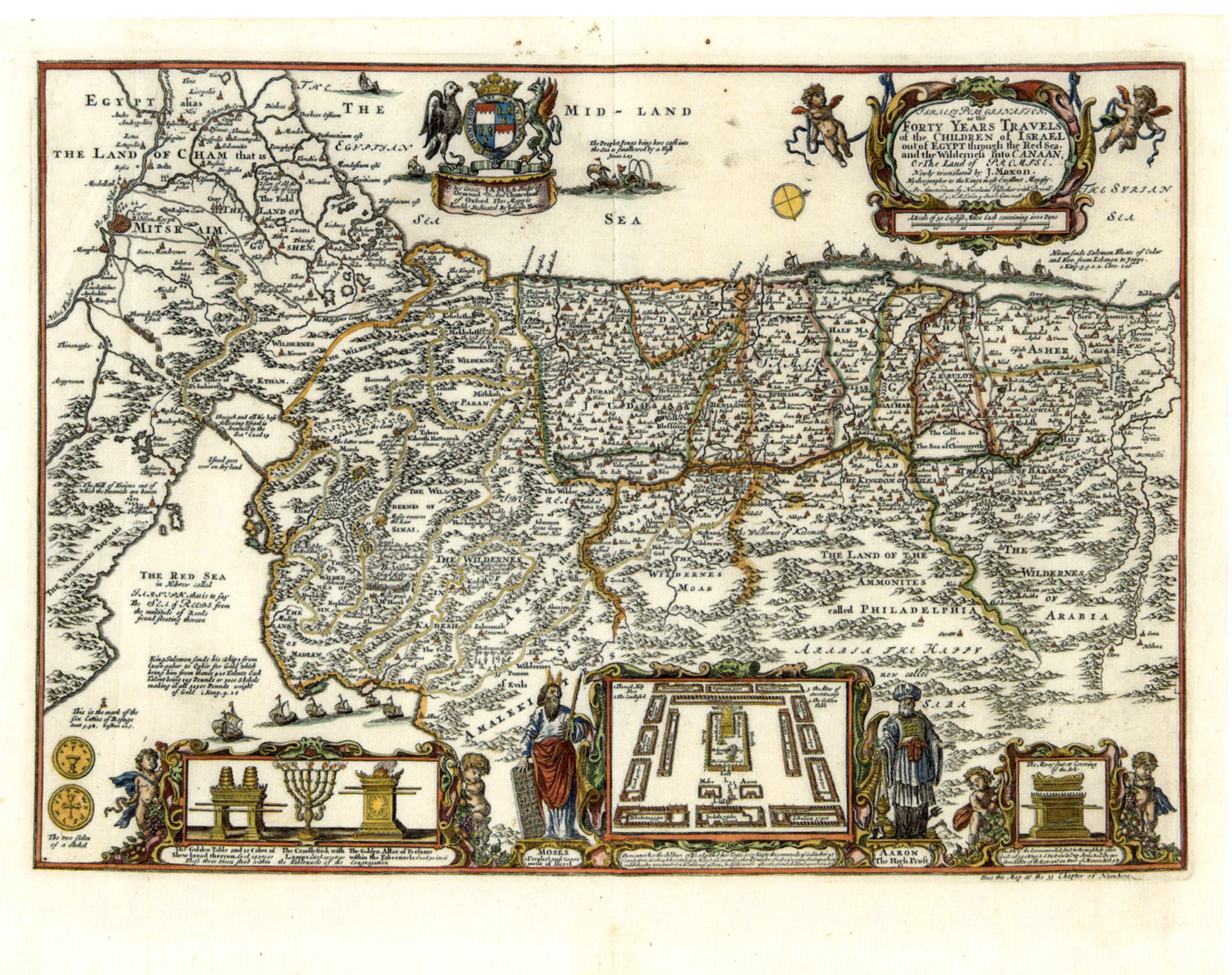

N. Visscher, J. Moxon, *Israel's Peregrination, Or the Forty Years' Travel...*, London 1671, n. 42151.

This is an uncommon English edition of a map first designed by the Dutchman Nicolas Visscher. A good impression of a detailed map illustrating the travels of the Israelites, and with the lower border of vignette depictions of Hebrew artefacts such as the tabernacle, altar, candlesticks etc. and a plan of the Israelites encampment, Moses and Aaron.

Rara edizione inglese di una mappa disegnata dall'olandese Nicolas Visscher che mostra dettagliatamente i viaggi degli Israeliti con, nel bordo inferiore, immagini di oggetti rituali ebraici come il tabernacolo, l'altare, i candelabri ecc. compresi la disposizione dell'accampamento degli Israeliti, Mosè e Aaronne.

Hulett, 1730
A map of Holy Land or Land of Promise, distinguished according to the division thereof amongst the Twelve Tribes of Israel, containing the most remarkable Places with Scripture references.

Mappa della Terra Santa o Terra Promessa suddivisa secondo la divisione delle dodici Tribù che mostra i luoghi più straordinari con riferimenti alla Scrittura.

N. Sanson, P. Mariette, "Palestine" from *Geographiae Sacrae Ex Veteri, Et Novo Testamento...*, Paris 1662–67; Laor, *Maps of the Holy Land*, 688, n. 14665.

A very detailed and rare map defines "Terra Promisa, sive Iudaea" according to the division amongst the Tribes of Israel. Nicolas Sanson was the major French mapmaker of mid-17th century whose modern maps were of great influence and were published over a number of years.

Mappa della Terra di Israele ben dettagliata che mostra la «Terra Promissa, sive Iudaea» secondo la divisione delle Tribù di Israele. Nicolas Sanson era il principale cartografo francese della metà del secolo le cui mappe furono pubblicate per molti anni.

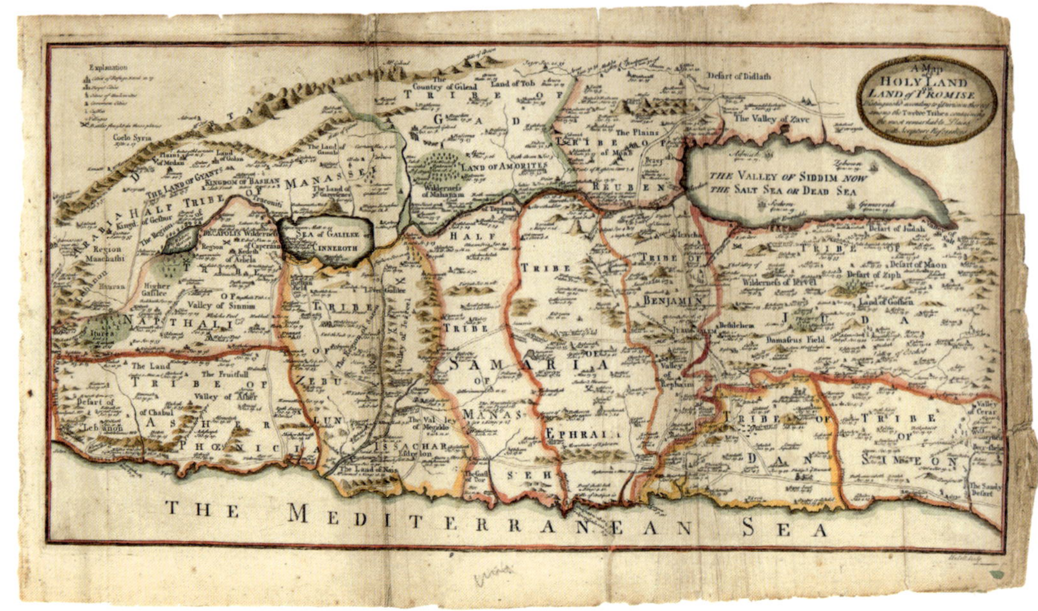

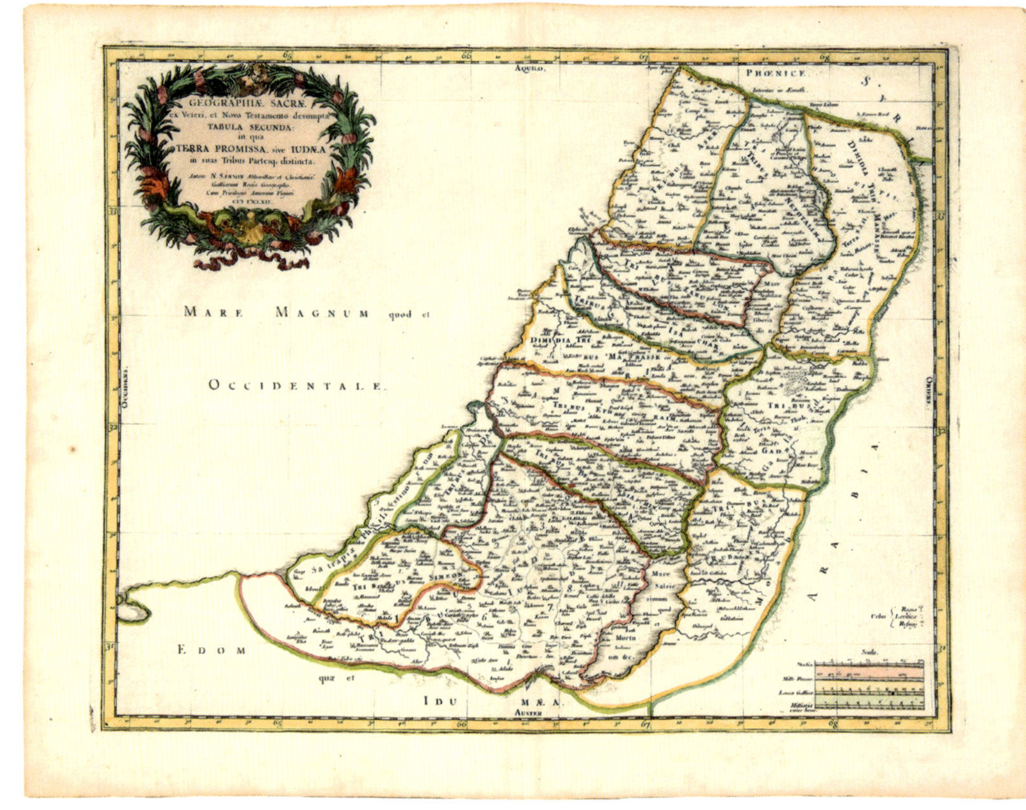

to the east bordering the western coast of the Sea of Galilee. The Tribes of Zebulun and Issachar settled a smaller, hilly area in the lower part of central Galilee, Zebulun to the west, and Issachar to the east. The central part of the northern country was dominated by the Tribe of Manasseh which, at first settled beyond the Jordan, together with the Tribes of Gad and Reuben, and then, in a vast area spanning from the hilly country of Samaria to the plains and the sea. The central area of the Land of Israel was dominated, from west to east, by the settlements of the Tribes of Dan on the plain near the sea, Ephraim in an area of southern Samaria characterized by hilly terrain, and Benjamin. The southern part of the country, which included a hilly area from the north to the south bordered on the west by the Philistines, the east by the Dead Sea, and, to the south, the Negev Desert, was dominated by the tribe of Judah, which included in an inner enclave of the Tribe of Simeon. However, the narration in the Book of Joshua presents many discrepancies with the Book of Judges. Its main purpose was to bring forward a theological message, focusing on the obedience of Israel to God, who realizes His promise to the Patriarchs, settling the Israelites in the Land under the leadership of Joshua. The book also gives an ideal view of the Israelite settlement, depicting the Twelve Tribes who all worshipped the God of Israel at a single sanctuary and abided by the Deuteronomic Covenant, the commandments given to Moses in the Book of Deuteronomy.[3] On the other hand, the Book of Judges presents a different reality: a slow conquest of the Land of Cana'an by the Twelve Tribes, who often act independently from one another, each choosing its own leaders, the Judges. The Judges, more often than not local leaders, elected by a tribe or a group of tribes, were chosen to face a foreign menace. A close reading of the Book of Judges shows that by the end of the period of the Judges the Israelite tribes mainly settled in the central areas, and principally the regions of the hilly country of Samaria in the north and of Judaea in the south. According to archaeological evidence, various tribes,

tata nella parte inferiore della Galilea centrale, caratterizzata da un paesaggio collinare, Zebulun a ovest e Issachar a est. Nella parte centrale del paese settentrionale dominava la tribù di Menasheh, che si stanziò dapprima oltre il Giordano, insieme alle tribù di Gad e Reuben, e poi in una vastissima area che si estendeva dal paese collinare di Samaria alla pianura e al mare. L'area centrale della Terra d'Israele era occupata, da ovest a est, dagli insediamenti delle tribù di Dan, sulla pianura, vicino al mare, di Efráym, in un'area collinare della Samaria meridionale, e di Benyamin. La parte meridionale del paese, che comprendeva da nord a sud una zona collinare, delimitata a ovest dai Filistei, a est dal Mar Morto e a sud dal deserto del Negev, era dominata dalla tribù di Yehuda, che faceva parte di un'enclave interna della tribù di Shimon. Tuttavia, la narrazione nel Libro di Giosuè presenta molte discrepanze rispetto al Libro dei Giudici. Il suo scopo principale era portare un messaggio teologico, concentrandosi sull'obbedienza di Israele a D., che realizza la Sua promessa ai patriarchi insediando gli israeliti nella Terra, sotto la guida di Giosuè. Il testo offre inoltre una visione ideale dell'insediamento israelita, riportando come le dodici tribù venerassero il D. d'Israele in un unico santuario e rispettassero il patto del Signore, i comandamenti dati a Mosè nel Deuteronomio[3]. Dall'altra parte, il Libro dei Giudici presenta una realtà diversa, una lenta conquista della Terra di Canaan da parte delle dodici tribù, che spesso agiscono in modo indipendente l'una dall'altra, scegliendo ciascuna i propri capi con la funzione di giudice. A questi ultimi, il più delle volte capi locali eletti da una tribù o da un gruppo di tribù, si ricorreva per fronteggiare una minaccia straniera. Una lettura attenta del Libro dei Giudici mostra che, alla fine del periodo dei giudici, le tribù israelite si erano stabilite principalmente nelle zone centrali, più che altro nelle regioni collinari della Samaria a nord e della Giudea a sud. Le testimonianze archeologiche mostrano come diverse tribù, identificate con gli israeliti biblici, si fossero a mano a mano insediate nella Terra di Canaan tra il 1200 e il 1005 prima dell'era

identified with the Biblical Israelites, gradually settled in the Land of Cana'an between 1200 and 1005 BCE. In the light of material evidence, the Israelite settlement is characterized by the appearance of the Four Room House, and distinctive elements in the pottery used by the settlers known as the 'Collared Rim Jar.' All these elements point to the distinctive identity of the settlers. In fact, archaeology points to a gradual settlement of nomadic tribes who originally followed a seminomadic way of life.[4] The end of tribal autonomy was heralded by the passage from a loosely organized tribal confederation to a much more modern centralized state under a king, known as the era of the United Monarchy. The various tribal Judges were superseded by a king. Solomon (971–931 BCE), son and successor of David, broke the power and autonomy of the tribes through a series of administrative reforms (Kings I, 4. 7–19), creating a modern kingdom based on twelve administrative districts, each commanded by an official chosen by the king. The administrative district did not correspond to the territory of any given tribe, but often included areas of different tribes together.[5] On the death of Solomon, the kingdom was split into two kingdoms—the Kingdom of Israel to the north, conquered by the Assyrians in 722 BCE, and the kingdom of Judah to the south, conquered by the Babylonians in 587 BCE. Once they returned from Babylonia and settled in the area around Jerusalem, these exiles were known as Jews, or those who dwelled in the territory of the Land of the Tribe of Judah.

volgare. Alla luce dell'evidenza che proviene dallo studio della cultura materiale, l'insediamento israelita è caratterizzato dalla comparsa della casa a quattro vani (o casa israelita) e da elementi distintivi nel vasellame utilizzato dai coloni, come il cosiddetto "vaso a collare liscio". Tutti questi elementi denotano la presenza di una popolazione con un'identità specifica. In realtà, l'archeologia indica un graduale insediamento di tribù che precedentemente conducevano vita seminomade[4]. La fine dell'autonomia tribale si annunciò con il passaggio da una confederazione tribale blandamente organizzata a uno stato centralizzato, con un re al comando: l'età della Monarchia unita. I vari giudici tribali furono sostituiti da un sovrano. Salomone (971-931 p.e.v.), figlio e successore di Davide, spezzò il potere e l'autonomia delle tribù attraverso una serie di riforme amministrative (Re I, 4: 7-19), istituendo un regno basato su dodici distretti amministrativi, ciascuno comandato da un funzionario scelto dal monarca. Il distretto amministrativo non corrispondeva al territorio di una data tribù, ma spesso comprendeva aree pertinenti a tribù diverse[5]. Alla morte di Salomone seguì una divisione: il regno d'Israele a nord, conquistato dagli Assiri nel 722 p.e.v., e il regno meridionale di Yehuda, conquistato dai Babilonesi nel 587 p.e.v. Una volta tornati da Babilonia e stabilitisi nella zona intorno a Gerusalemme, gli esuli furono conosciuti come ebrei, o coloro che abitavano nel territorio della tribù di Yehuda.

[1] See D. C. Mitchell, *Messiah ben Joseph* (Newton Mearns: Campbell, 2016); see also "Firstborn *shor* and *rem*: A Sacrificial Josephite Messiah in 1 Enoch 90.37–38 and Deuteronomy 33.17," *Journal for the Study of the Pseudepigrapha* 15(3), 2006: 211–228 (doi:10.1177/0951820706066641).

[2] See M. H. Wiener, "Dating the Emergence of Historical Israel in Light of Recent Developments in Egyptian Chronology," *Journal of the Institute of Archaeology of Tel Aviv University* 41(1), 2014: 50–54 (doi:10.1179/033 4435514Z.00000000035).

[3] See Y. Aharoni, *The Land of the Bible: A Historical Geography* (Philadelphia: The Westminster Press, 1979), 191–286 on the Israelite conquest and settlement. See also Zecharia Kallai, *Historical Geography of the Bible* (Jerusalem–Leiden: Magnes Press, 1986), 99–272 for a geographical analysis of the tribal boundary system, and 279–328 for a historical analysis of the tribal boundary system. See also Israel Finkelstein and Neil Asher Silberman, *The Bible Unearthed, Archaeology's New Vision of Ancient Israel and the Origins of Its Sacred Texts* (New York: The Free Press, 2001), 97–99 on the Book of Joshua.

[4] On the Four Room House and the so-called "Collared Rim Jar," see A. Mazar, "The Iron Age I," in A. Ben Tor, *Introduction to the Archaeology of Ancient Israel in the Biblical Period* (Ramat Aviv: n.p., 1990), 1–73, and A. Mazar, *Archaeology of the Land of the Bible, 10,000–586 BCE* (New York: Yale University Press, 1990), 295–367. See also E. Netzer, "Domestic Architecture in the Iron Age," in A. Kempinsky and H. Katzenstein, *The Architecture of Ancient Israel: From the Prehistoric to the Persian Periods* (Jerusalem: Israel Exploration Society, 1992), 193–201; and Z. Herzog, "Settlement and Fortification Planning in the Iron Age," in Kempinsky and Katzenstein, 231–274. On the historical geography of the Israelite settlement, see Israel Finkelstein, *The Archaeology of the Israelite Settlement* (Jerusalem: Israel Exploration Society, 1988).

[5] On Solomon's districts, see Aharoni, 309–320 on the Israelite conquest and settlement. See also Z. Kallai, 40–71.

[1] Vedi D.C. Mitchell, *Messiah ben Joseph*, Campbell 2016; vedi anche *Firstborn Shor and Rem: A Sacrificial Josephite Messiah in 1 Enoch 90.37-38 & Deuteronomy 33.17*, in «Journal for the Study of the Pseudepigrapha», 15.3, 2006, pp. 211-228.

[2] Vedi M.H. Wiener, *Dating the Emergence of Historical Israel in Light of Recent Developments in Egyptian Chronology*, in «Journal of the Institute of Archaeology of Tel Aviv University», 41.1, 2014, pp. 50-54.

[3] Vedi Y. Aharoni, *The Land of the Bible. A Historical Geography*, Philadelphia, PA, 1979, pp. 191-286, sulla conquista e l'insediamento israelita. Vedi anche Z. Kallai, *Historical Geography of the Bible*, Yerushalayim-Leiden 1986, pp. 99-272, sull'analisi geografica del sistema dei confini tribali, e pp. 279-328 sull'analisi storica del sistema dei confini tribali. Vedi anche I. Finkelstein, N.A. Silberman, *The Bible Unearthed, Archaeology's New Vision of Ancient Israel and the Origins of Its Sacred Texts*, New York 2001, pp. 97-99, sul Libro di Giosuè.

[4] Sulla casa a quattro ambienti (o israelitica) e sul cosiddetto "vaso a collare liscio", vedi A. Mazar, *The Iron Age I*, in A. Ben Tor, *Introduction to the Archaeology of Ancient Israel in the Biblical Period*, Ramat Aviv 1990, pp. 1-73, e A. Mazar, *Archaeology of the Land of the Bible, 10.000-586 B.C.E.*, New York 1990, pp. 295-367. Vedi anche E. Netzer, *Domestic Architecture in the Iron Age*, in A. Kempinsky, R. Reich, *The Architecture of Ancient Israel from the Prehistoric to the Persian Periods*, Yerushalayim 1992, pp. 193-201, e Z. Herzog, *Settlement and Fortification Planning in the Iron Age*, in A. Kempinsky, R. Reich, *The Architecture of Ancient Israel...* cit., pp. 231-274. Sulla geografia storica dell'insediamento israelita, vedi Finkelstein, *The Archaeology of the Israelite Settlement*, Yerushalayim 1988.

[5] Sui distretti di Salomone, vedi Aharoni, *The Land of the Bible...* cit., pp. 309-320 sulla conquista e sull'insediamento israelita. Vedi anche Z. Kallai, *Historical Geography...* cit., pp. 40-71.

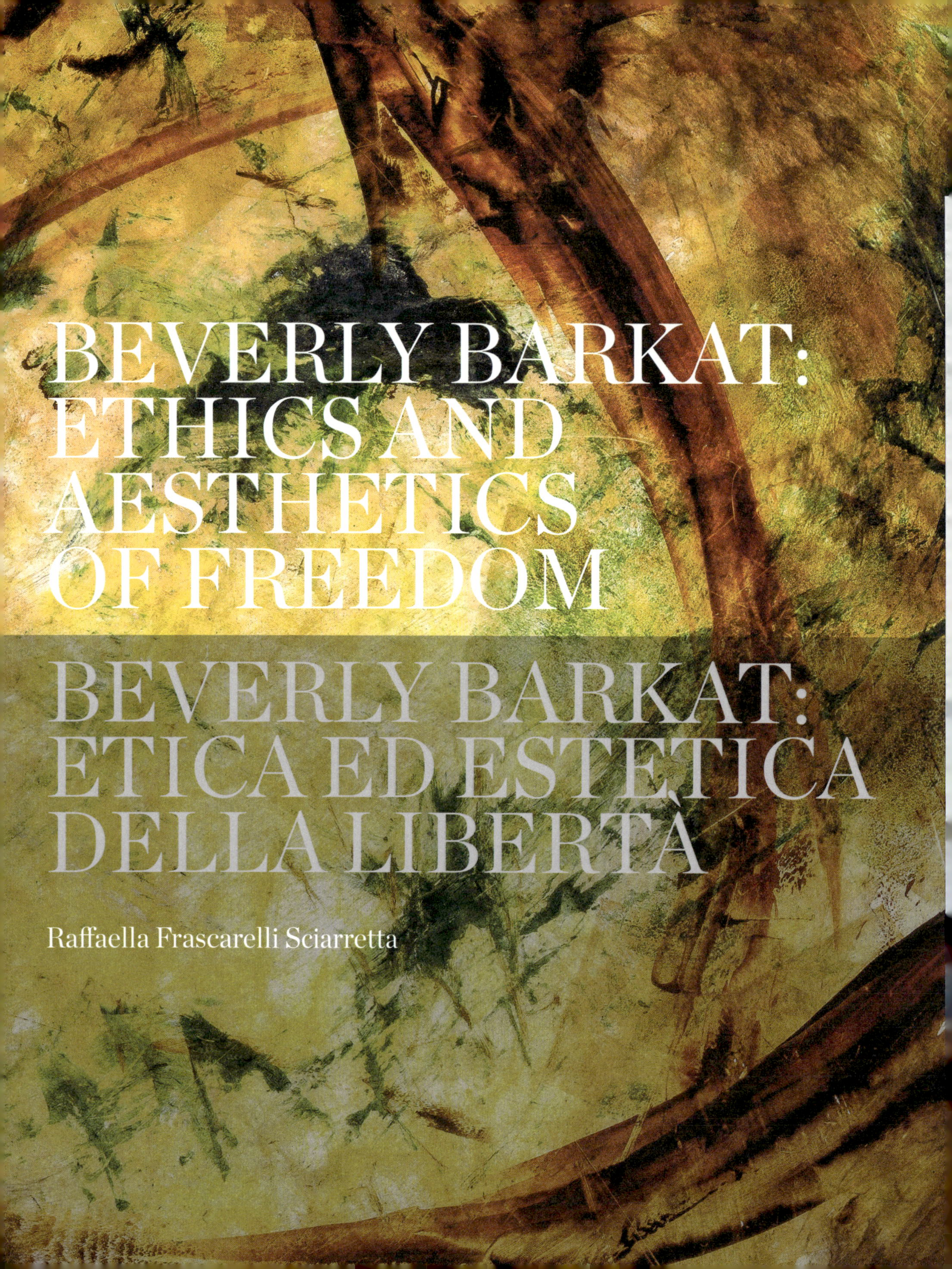

BEVERLY BARKAT: ETHICS AND AESTHETICS OF FREEDOM
BEVERLY BARKAT: ETICA ED ESTETICA DELLA LIBERTÀ
Raffaella Frascarelli Sciarretta

The number twelve in the Judaic tradition corresponds to the People of God, or the Israelites.[1] A seminal force in both spiritual and secular thought, the Biblical text describes the Twelve Tribes of Israel as patriarchic communities: their number does not derive merely from historical analysis, but is a cosmological symbol acquired through long dispute, argument, and differences of opinion.[2] Fortified by monotheism, cultural unity is the outcome of a social process that transformed preexile tribal conflict into a revolutionary political outlook: the pan-tribal creation of the kingdoms of Judah and Israel.[3]

The idea of a nation germinated in the desire to overcome tribal divisions and foster a stable, cohesive society. For centuries this rootstock nourished and took nourishment from the cultures encountered during the experience of exile and diaspora, and it did so addressing a dichotomic need: to preserve an identity as a people while integrating into a non-Hebraic social–political, economic, and cultural order. The nature of the historical–institutional secularization of Hebraism may be summed up in the concept of *Dina de-malkhuta dina* (the law of the state is law).[4] Instinctively endowed with a critical/self-critical spirit, this rational vitality has maintained an unbroken dialogue with the world, from the Roman *lex* to the modern *Haśkalah*. Sociability, integration, acculturation, and civil life delineate intellectual interaction that is uncompromisingly open to the surrounding community: the defense and transmission of the Jewish identity adapt to the social, legal, and ethical values of the West. The birth of the State of Israel respects both the fundamental inspirational principles of the unification of the Twelve Tribes and the pillars of government in advanced democracies.

Beyond postmodernity, the Hebraic community continues to maintain internal social unity, strengthening the global human community, a heritage that Beverly Barkat's painterly expression abstracts in an aesthetic key: the text is the

Nella tradizione biblica, il numero dodici corrisponde al popolo di D., il popolo ebraico[1]. Propulsore di un pensiero al contempo spirituale e secolare, il testo biblico descrive le dodici tribù d'Israele come comunità patriarcali: il loro numero non aderisce soltanto a un dato storiografico, ma è un simbolo cosmologico faticosamente conquistato dopo dispute, opposizioni, contrasti[2]. Rafforzata dal monoteismo, l'unità culturale è l'esito di un percorso sociale che muta la conflittualità tribale pre-esilica in una rivoluzionaria prospettiva politica, vale a dire la creazione pan-tribale dei regni di Yehuda e d'Israele[3].

L'idea nazionale germoglia dalla volontà di superare le divisioni tribali e costruire una coesione sociale stabile. Per secoli questa forza rizomatica feconda e si lascia fecondare dalle culture incontrate nell'esperienza esilica e diasporica, in virtù di una duplice attitudine: preservare la propria identità integrandosi nei sistemi socio-politici, economici, culturali non ebraici. *Dina de-malkhuta dina*, «la legge del regno è regno», sintetizza il carattere della secolarizzazione storico-istituzionale dell'ebraismo[4]. Istintivamente dotata di spirito critico e autocritico, questa vitalità razionale non cessa mai di dialogare con il mondo, dalla *lex* di Roma alla *haśkalah* moderna. Sociabilità, integrazione, acculturazione, vita civile delineano un'interazione intellettuale aperta alla collettività senza compromessi: la difesa e la trasmissione dell'identità ebraica aderiscono ai valori sociali, giuridici, etici dell'Occidente. La nascita dello Stato d'Israele rispetta sia i principi fondanti ispiratori dell'unificazione delle dodici tribù, sia i capisaldi di governo delle democrazie avanzate.

Oltre la post modernità, l'ebraismo continua a custodire l'unità sociale interna rafforzando la comunità umana globale, eredità che il gesto pittorico di Beverly Barkat astrae in chiave estetica: le dodici tribù il testo, l'opera lo spazio pubblico, lo sguardo collettivo la realtà, il segno dell'artista l'identità sociale. Muovendo dal proprio paesaggio inte-

Twelve Tribes; the public space is the work; reality is the collective outlook; social identity is the artist's graphic inscription. Rooted in her own inner landscape, the artist seeks, gathers, and catalogues differently colored materials from the outer landscape: rocks, soil, semiprecious stones, shells, and layers. Finely ground and mixed, they become a new physical–chemical and conceptual material with which to paint. Magical places of rare beauty—desert, earth, sea, mountain, caverns—are alchemically recomposed on twelve circular canvases, mandalas tracing out the interweave of history and nature, social–symbolic codes deposited in layers over time, spheres suspended amidst orthogonal geometries. She paints with her own roots, subjectifies the identity of the Jewish people as a second skin. Light, material, form, and color, the transparent canvases pierce the perception of space and allow the observer to penetrate deeply into history. An ethic of freedom taking form in a political gesture, Beverly Barkat's oeuvre sketches out a map of human relations: personal identity and social differentiation, individual and collectivity, universal time and contingent history, cosmic and earthly. After the *Shoah*, which Adorno considered the failure of Western culture to achieve its central goal,[5] Israel's rebirth is by no means a redemption of this culture but the maternal womb of the Jewish people returning to life: for the artist, one's own land is not a metaphysical or transcendental concept, but a real, material experience. Before a hyperstimulated global community awash in hyperproduced images, the artist's aphaeresis is her personal formula of resistance and a philosophical choice, a symbolic dimension that engenders objectivization and signification.[6] Her abstract painting explores the relationship between aesthetics and politics,[7] the image of social cohesion cultivated in the past and extending into the future: tribe, community, universal community, society.

The Twelve Tribes are a metaphor that describes the speculative journey of a people who have become a nation, a civilization and state, without ever giving up the critical interaction between spiritual and secular, between the self

riore, l'artista cerca, raccoglie, cataloga materiali di colori diversi nel paesaggio reale: rocce, terriccio, pietre semipreziose, conchiglie, stratificazioni. La materia finemente triturata e mescolata diventa nuova materia fisico-chimica e concettuale con la quale dipingere. Luoghi magici di rara bellezza, deserto, terra, mare, montagne, caverne si ricompongono in modo alchemico in dodici tele circolari, *maṇḍala* che disegnano l'intreccio tra storia e natura, codici socio-simbolici stratificatisi nel tempo, sfere sospese entro geometrie quadrate. Dipingere con le proprie radici, soggettivare l'identità del popolo ebraico come una seconda pelle. Luce, materia, forma, colore, le tele trasparenti bucano la percezione dello spazio e consentono allo spettatore di penetrare in profondità nella storia.

Etica della libertà trasformata in gesto politico, l'opera di Beverly Barkat traccia la mappa delle relazioni umane: identità personale e differenziazione sociale, individuo e collettività, tempo universale e storia contingente, cosmico e terreno. Dopo la *shoah*, che Adorno considera come il fallimento della cultura occidentale tutta⁵, la rinascita d'Israele non è affatto il riscatto dell'Occidente, ma il ventre materno del popolo ebraico che torna alla vita: per l'artista, la propria terra non è un concetto metafisico o trascendentale, ma un'esperienza materica e reale. Dinanzi a una comunità globale narcotizzata dall'ipersimulazione e dall'iperproduzione delle immagini, l'*apháiresis* dell'artista si rivela una personale formula di resistenza e una scelta filosofica, dimensione simbolica che suscita obiettivazione e significazione⁶. La pittura astratta s'interroga sulla relazione tra estetica e politica⁷, immagine di una coesione sociale che dal passato arriva al futuro: tribù, comunità, comunità universale, società.

Le dodici tribù sono una metafora per descrivere il cammino speculativo di un popolo che è divenuto nazione, civiltà e stato senza mai rinunciare all'interazione critica tra spirituale e secolare, tra sé e il mondo: questa capacità ebraica di sacralizzare l'archetipo della società, di essere cosmo e storia, continua ancora a nutrire il metabolismo dell'intera co-

and the world: this Jewish capacity to render archetypical society sacred, to be cosmos and history, continues to feed the metabolism of the entire human community. As Paul Ricoeur writes, "We have to reopen the past, to revivify its unaccomplished, cut-off [...] possibilities. [...] only determinate expectations can have the retroactive effect on the past of revealing it as a living tradition."[8]

The encounter between Beverly Barkat and the Nomas Foundation reaffirms the foundation's research mission to explore historical, artistic, philosophical, sociological, anthropological, economic, and political dimensions in a critical and self-reflective approach to the interchange between art and society.

[1] Regarding cosmological and eschatological aspects, see A. Yarbro Collins, *Cosmology and Eschatology in Jewish and Christian Apocalypticism* (Leiden–Boston–Köln: Brill, 1996).
[2] G. Garbini, *Storia e ideologia nell'Israele antico* (Brescia: Paideia, 1986), 168–174.
[3] M. Weber, *Ancient Judaism*, (London: The Free Press, 1952); Tomoo Ishida, *The Royal Dynasties in Ancient Israel. A Study on the Formation and Development of Royal-Dynastic Ideology* (Berlin–New York: De Gruyter, 1977).
[4] S. Ferrari, *Lo spirito dei diritti religiosi. Ebraismo, cristianesimo e islam a confronto* (Bologna: Il Mulino, 2002), 252–256.
[5] T. W. Adorno, *Dialettica negativa* (Turin: Einaudi, 1982), 331 (Italian translation of original German *Negative Dialektik*).
[6] In Cassirer's philosophy (E. Cassirer, *Philosophy of Symbolic Forms. Volume 3: The Phenomenology of Knowledge*, translated by Ralph Manheim [New Haven: Yale University Press, 1953]), the artist mediates signification within a symbolic universe that allows vital awareness to emerge and reveals the possible reality.
[7] No purist vision, self-representative paradox, or fetishism, but the political will to reaffirm the legitimacy of one's own roots.
[8] P. Ricoeur, *Time and Narrative*, Volume 3, translated by K. Blamey and D. Pellauer (Chicago: University of Chicago Press, 1988), 216.

munità umana. Come sostiene Paul Ricoeur: «Si deve riaprire il passato, ravvivare le potenzialità incompiute, impedite [...] solo attese determinate possono avere sul passato l'effetto retroattivo di rivelarlo come *tradizione vivente*»[8].

L'incontro tra l'opera di Beverly Barkat e Nomas Foundation conferma il percorso scientifico della fondazione che si articola intorno a questioni di ordine storico, artistico, filosofico, sociologico, antropologico, economico, politico con l'obiettivo di costruire una forza critica e autoriflessiva all'interno del dibattito tra arte e società.

[1] Sugli aspetti cosmologici ed escatologici, si veda A. Yarbro Collins, *Cosmology and Escathology in Jewish and Christian Apocalypteisim*, supplemento «Journal for the Study of Judaism», 50, Leiden-Boston-Koln 1996.
[2] G. Garbini, *Storia e ideologia nell'Israele antico*, Brescia 1986, pp. 168-174.
[3] M. Weber, *Ancient Judaism*, Glencoe, IL, 1952; T. Ishida, *The Royal Dynasties in Ancient Israel. A Study on the Formation and Development of Royal-Dynastic Ideology*, Berlin - New York 1977.
[4] S. Ferrari, *Lo spirito dei diritti religiosi. Ebraismo, cristianesimo e islam a confronto*, Bologna 2002, pp. 252-256.
[5] T.W. Adorno, *Dialettica negativa*, Torino 1982, p. 331.
[6] Come nell'accezione della riflessione filosofica di Cassirer (E. Cassirer, *Filosofia delle forme simboliche. Fenomenologia della conoscenza*, Firenze 1966), l'artista media significazione all'interno di un *universo simbolico* che lascia emergere la coscienza vitale e svela la realtà possibile.
[7] Nessuna visione purista, nessun paradosso auto-rappresentativo, nessun feticismo, ma la volontà politica di riaffermare la legittimità delle proprie radici.
[8] P. Ricoeur, *Dal testo all'azione. Saggi di ermeneutica*, Milano 1989, p. 266.

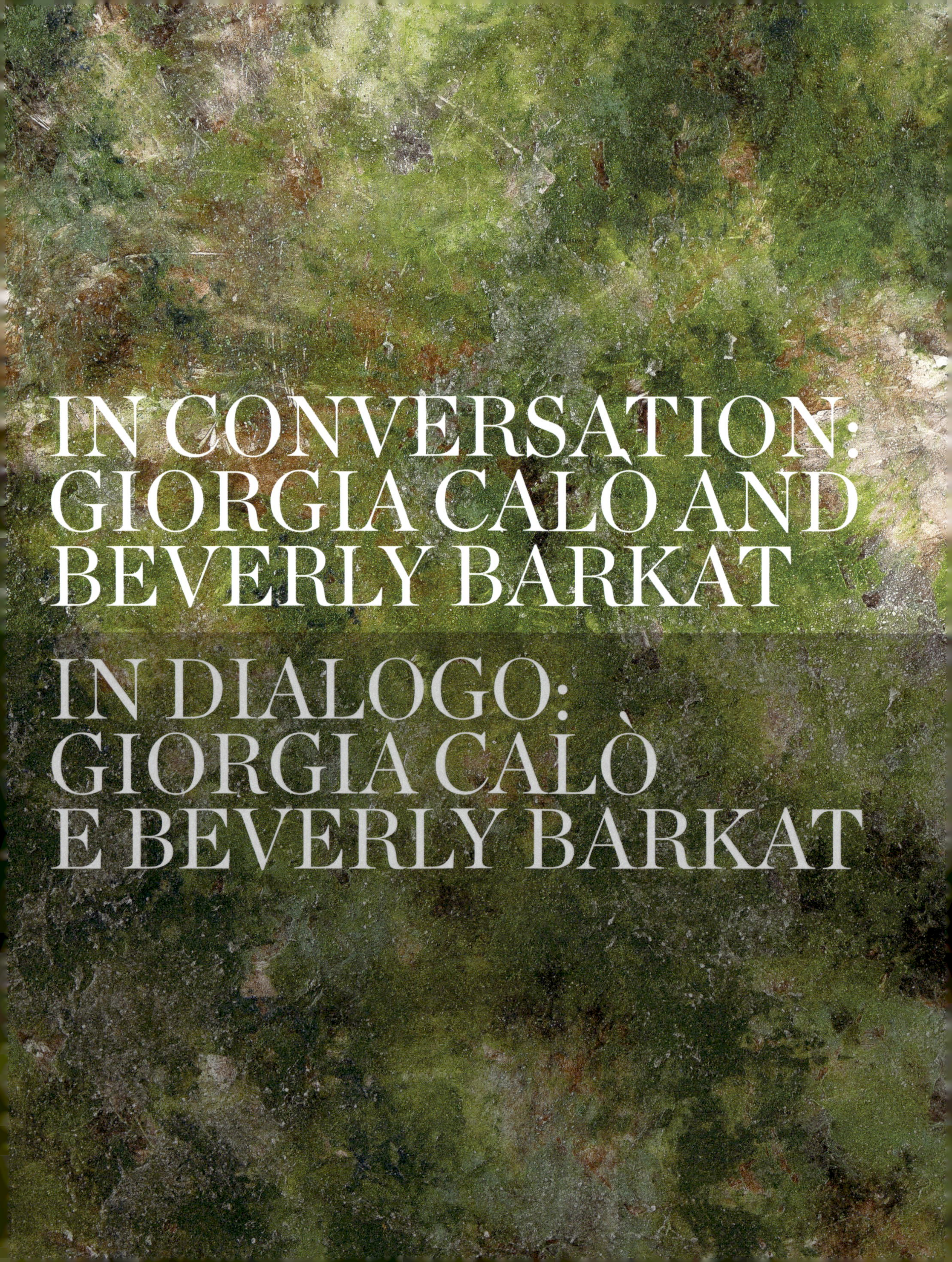

IN CONVERSATION:
GIORGIA CALO AND
BEVERLY BARKAT

IN DIALOGO:
GIORGIA CALÒ
E BEVERLY BARKAT

Giorgia Calò *The Museo Boncompagni Ludovisi represents a space with a history that stretches all the way back to ancient Rome. You chose this place for a site-specific installation that creates a connection between past and present. In what way?*

Beverly Barkat When Eldad Golan [Cultural Attaché, Embassy of Israel in Italy] proposed I do a solo exhibition in Rome, I immediately accepted. At the time I did not have a clearly defined project in mind and was not familiar with the proposed venue. One thing I did know was that I was going to create a work dedicated to the seventieth anniversary of the birth of the State of Israel and that it would have to interact not only with the architecture but also with the history of the museum and the city that would receive it. As you know, I was not there for your first visit to the Museo Boncompagni Ludovisi. Later, when Mia [Dora Prvan, Director of Projects, Barkat Studio] showed me the photos of this splendid twentieth-century urban villa—and particularly of the Salone delle Vedute with its *trompe-l'œil* frescoes—I was filled with inspiration. I went to see it personally and discovered an incredible energy as well as a strong personality dictated by the venue's architecture and the collection it houses. So I started thinking about a site-specific installation that could create a narrative bridge between the museum and the story of the Jewish people that I wanted to tell. My inspiration derived from the fresco of the park of the former Villa Ludovisia, which in turn was the site of an ancient Roman patrician residence that became famous as the Gardens of Sallust. The tempera wall decoration features architectural motifs of paired columns, pillars, marble balustrades on the ceiling, and perspective views of tree-lined lanes. I began by analyzing these elements to create an installation that could interact with the space and the vedute on the walls, making use of an artistic idiom that is certainly different from the idiom that characterizes the urban villa but that somehow derives from it.

Giorgia Calò *Il Museo Boncompagni Ludovisi è uno spazio con alle spalle una storia che risale addirittura all'epoca romana. Hai scelto questo luogo per realizzare un'installazione site-specific capace di creare una connessione tra passato e presente. In che modo?*

Beverly Barkat Quando Eldad Golan [addetto culturale dell'Ambasciata d'Israele in Italia] mi ha proposto di fare una personale a Roma, ho accettato subito l'offerta. Non avevo ancora un progetto definito e non conoscevo lo spazio che avrebbe ospitato la mostra. Sapevo però con certezza che avrei realizzato un lavoro dedicato al settantesimo anniversario della nascita dello Stato d'Israele e che questo avrebbe dovuto interagire non solo con l'architettura, ma anche con la storia del museo e della città pronti ad accoglierla. Come sai, non ero presente al vostro primo sopralluogo al Museo Boncompagni Ludovisi, quando Mia [Mia Dora Prvan, direttore dei progetti di Barkat Studio] mi ha fatto vedere le foto di questo splendido villino novecentesco, in particolare il Salone delle Vedute affrescato con un *trompe-l'œil*, sono stata letteralmente ispirata. In seguito sono andata a visitarlo di persona e ho riscontrato un'incredibile energia oltre che una forte personalità dettata dall'architettura e dalla collezione che ospita. Ho così cominciato a pensare a un'installazione site-specific, in grado di creare un ponte narrativo tra il museo e la storia del popolo ebraico che volevo raccontare. A ispirarmi è stato proprio l'affresco che rievoca l'immagine del parco della perduta Villa Ludovisia e dove, ancor prima, si estendeva in epoca romana una ricca residenza divenuta poi famosa come *Horti Sallustiani*. La decorazione delle pareti realizzata a tempera presenta motivi architettonici costituiti da colonne binate, pilastri, balaustre marmoree sul soffitto e raffigurazioni di viali alberati in prospettiva. Sono partita dall'analisi di questi elementi per creare un'installazione che potesse interagire con lo spazio e le vedute rappresentate, avvalendomi di un linguaggio artistico senz'altro diverso rispetto a quello del villino, ma da cui prende le

The story I tell is the story of Israel, a land which, like Italy, in spite of its small size, offers a variety of landscapes. We have the sea, the hilly regions, and the desert, spectacular places marked by a rich palette of colors. I thought that the best way to bring all this out was by telling the stories of the twelve tribes, which I represented in three dimensions in a large installation patterned after the proportions of the room containing it. And where else to exhibit this millenary story other than Rome, the city that witnessed the first great diaspora of the Jewish people after the destruction of the Second Temple in Jerusalem? Two thousand years have passed but the profound connection between Rome and Jerusalem is still alive and I wanted somehow to commemorate that.

G. C. *You recently enjoyed great success with your* Evocative Surfaces *at Palazzo Grimani, inaugurated last year for the occasion of the 57th Venice Art Biennale. A few months later you began work on your Rome project. Should we look at these two exhibitions as two distinct things, or is there some sort of common ground between the two?*

B. B. Evocative Surfaces *was an installation composed of large-format paintings and a series of PVC panels suspended from the ceiling. As at the Museo Boncompagni Ludovisi, they were created specifically for Palazzo Grimani and directly inspired by the history of the Renaissance palazzo, by the energy of its spaces, its architecture, and the harmonious dialogue between the old and the new. Like the urban villa in Rome, Palazzo Grimani also has a strong pictorial presence that I sought to capture in my work, mainly through the use of line and color as dictated by the architecture and the decoration. Of course, the two works tell different stories. But when I think about it, there is another element that the two projects share. The installation in Venice, like the one in Rome, was composed of twelve works on translucent PVC. In that case they were rectangular panels with a vertical orientation; at Boncompagni the twelve paintings are round. [See Raffaella Sciarretta's introduction to this catalogue for the discussion of the meaning of the number twelve].

mosse. La storia che ho raccontato è quella di Israele, un paese che come l'Italia, sebbene sia di piccole dimensioni, presenta una varietà di paesaggi. Abbiamo il mare, le regioni collinari, il deserto. Luoghi spettacolari scanditi da una vasta gamma di colori. Ho pensato che il modo migliore per evocare tutto questo sarebbe stato farlo attraverso la storia delle dodici tribù che ho rappresentato in modo tridimensionale, attraverso una grande installazione strutturata sulle proporzioni della sala in cui si erige. E dove esporre questa storia millenaria se non a Roma? La città dove ebbe luogo la prima grande diaspora del popolo ebraico dopo la distruzione del secondo Tempio di Gerusalemme. Sono passati duemila anni da allora e quel legame così profondo tra Roma e Gerusalemme è ancora vivo e io ho voluto in qualche maniera rammentarlo.

G.C. *Sei reduce dal grande successo della mostra* Evocative Surfaces *a Palazzo Grimani, inaugurata lo scorso anno in occasione della 57ª Biennale di Venezia. A distanza di pochi mesi hai cominciato a lavorare sul progetto di Roma. Dobbiamo intendere queste mostre come due ricerche distinte o in qualche maniera si possono riscontrare dei punti d'incontro?*

B.B. Evocative Surfaces *era un'installazione composta da dipinti di grandi dimensioni e da una serie di pannelli in PVC sospesi al soffitto. Come per il Museo Boncompagni Ludovisi, anche questi sono stati realizzati appositamente per Palazzo Grimani e direttamente ispirati dalla storia di questo edificio rinascimentale, dall'energia contenuta nello spazio, dalla sua architettura e dall'armonia che emerge dal dialogo tra antico e contemporaneo. Come il villino romano, anche Palazzo Grimani ha una forte presenza pittorica che ho cercato di restituire nel mio lavoro basandomi prevalentemente su linea e colore, dettati dall'architettura e dalla pittura. Per il resto ovviamente le due opere raccontano storie diverse. Pensandoci bene, però, c'è un altro elemento che accomuna i due progetti. Anche a Venezia l'installazione era composta da dodici opere in PVC semitrasparente, solo che in quel caso si trattava di pannelli

G. C. Time and space are two important elements in your work. In the Hebraic tradition, time is not seen as a collection of fragmented moments, but as something continuous and current. In this sense, space transforms from something concrete and tangible into something existential. Would you like to talk about that?

B. B. We use different means and methods to measure time. In the past we watched the Moon, the Sun, and the movement of the Earth around the Sun; today we use new technologies, from iPhones to satellites.

But there is another way to mark time based on our individual perceptions, and thus subjectively. You may have a wonderful experience and feel that the time flew by, or you can be facing a very difficult situation and have the feeling that it lasts forever. Here time transforms into something arbitrary, becoming one and the same with space. It no longer has rules; it is no longer measurable. It becomes experiential. I created an installation for this exhibition that represents time and space as a single element, where past, present, and future merge, and where the rigid boundaries of a well-defined place are broken down. The symbolic encounter of time and space—which represent the heavenly and the earthly spheres, the spiritual and the material—is the Tabernacle around which the twelve tribes resided. Drawing information from the deepest reaches of human history and transferring it into the present has been a creative act that allowed me to explore important existential questions. How can I connect with my past? How do I live out my cultural legacy, the Jewish heritage?

With this installation, I sought to represent the dynamic course of a people in perennial movement, continually driven toward the future but with a fixed gaze on their past.

G. C. What is the essential meaning of this project and why did you choose the title After the Tribes?

B. B. When I started working on this project I needed to gather as much information as possible. I started with the *Tanakh*, also called the Hebrew Bible or *Mikra*, and went on to undertake an in-depth study of the twelve tribes. I was

rettangolari sviluppati in altezza, al Boncompagni Ludovisi i dodici dipinti diventano circolari [sul significato del numero dodici si rimanda all'introduzione di Raffaella Frascarelli Sciarretta pubblicata in questo catalogo].

G.C. Tempo e spazio sono due elementi rilevanti nel tuo lavoro. Nella tradizione ebraica il tempo non è colto come insieme di momenti frammentati, ma diventa continuità e attualità. In questo senso lo spazio da concreto e tangibile si trasforma in dimensione esistenziale. Ce ne vuoi parlare?

B.B. Noi misuriamo il tempo attraverso mezzi e modi diversi. In passato con la luna, il sole e il movimento della terra intorno a essa; oggi anche con le nuove tecnologie, dall'iPhone ai satelliti. C'è però un altro modo di scandire il tempo, cioè in base alla percezione del singolo uomo, dunque in modo soggettivo. Puoi avere un'esperienza fantastica e sentire come il tempo sia volato, oppure affrontare un momento difficile e avere la sensazione che non passi mai. In questo modo il tempo si trasforma in qualcosa di arbitrario, diventando tutt'uno con lo spazio. Non ha più regole, non è più misurabile, diventa piuttosto "esperienziale". Per questa mostra ho creato un'installazione che rappresenta il tempo e lo spazio come elemento unico, in cui si fondono passato, presente e futuro e dove si abbattono i confini rigidi di un luogo definito. L'incontro simbolico tra tempo e spazio, che stanno a rappresentare la sfera celeste e quella terrestre, lo spirito e la materia, è il Tabernacolo attorno al quale risiedevano le dodici tribù.

Attingere dalla storia più arcaica dell'umanità alcune informazioni per poi trasferirle nel presente è stato un atto creativo che mi ha permesso di indagare anche su importanti questioni esistenziali. Come mi connetto con il mio passato? Come porto avanti la mia eredità culturale, il patrimonio ebraico?

Con questa installazione ho cercato di rappresentare l'andamento dinamico di un popolo in perenne movimento, continuamente spinto verso il futuro, ma con uno sguardo costante al suo passato.

interested in finding out where they were located, where they lived, and also what they did, if they were shepherds, farmers, merchants, and so on. On the basis of the blessing they received from Jacob, they formed their identity and the land they were given mirrored their qualities. Then I went to visit those places in person. I studied the local land and collected elements from it. I thus sought to literally bring the stories of the twelve tribes into my work, into my artistic space. I was completely caught up in the process, not just as an artist but also as a Jew. As I have said before, I worked a lot on myself, on what I am, on the various aspects that have forged my personality: from my parents, who are also artists, to my South African origins; from my education at the Bezalel Academy to my identity as an Israeli. As for the title, it has two layers of meaning. I started this project by spending a lot of time studying and researching the stories of the tribes—going "after" them, looking for any traces or energy they left behind. Then I started to connect these stories to the issues of the Jewish people today, to retrace our origins, our genetic code, to discover that there can be no future without the past, and no memory without memories. I am opening a discussion into how the modern Jewish people all over the world relate to the legacy of the Twelve Tribes of Israel, thousands of years later.

G. C. *Let us talk about the specifics of this work. The installation is composed of twelve large medallions, each representing a tribe and using different materials, gemstones, and colors. Can you briefly describe them to us?*

B. B. Reuben is Jacob's firstborn, son of Leah, and his gemstone is the ruby. His tribe lived on a mountain east of the Jordan River with a view over the Dead Sea. I sought to capture the idea of a reddish plateau reaching to the sea, taking my inspiration from the image of birth: from the amniotic fluid we transition to life on earth and thus to breathing. The circular movement of the brushstrokes indicates this shift and references air, which is the element that I associate with him.

G.C. *Qual è il significato più intimo di questo progetto e perché hai scelto come titolo* After the Tribes?

B.B. Quando ho cominciato a lavorare a questo progetto avevo bisogno di raccogliere più informazioni possibili. Sono partita dal *Tanakh*, chiamato anche Bibbia ebraica o *Mikra*, per poi approfondire la storia delle dodici tribù. Mi interessava capire la loro locazione, dove risiedevano, ma anche cosa facevano, se erano pastori, agricoltori, commercianti e via dicendo. Infatti, in base alla benedizione che ricevettero da Giacobbe formarono la loro identità e la terra attribuita ne rispecchiava le doti. Poi sono andata fisicamente in quei luoghi. Ho studiato la terra locale e prelevato parte di questa. Ho cercato quindi di portare letteralmente la storia delle dodici tribù nel mio lavoro, nel mio spazio artistico. È stata un'operazione che mi ha coinvolta completamente, non solo come artista ma anche come ebrea. Come ho già detto ho lavorato molto su me stessa, su quello che sono e sui vari aspetti che hanno costruito la mia personalità: dai miei genitori (artisti anche loro) alle mie origini sudafricane, dalla formazione alla Bezalel Academy alla mia identità israeliana. Per quanto riguarda il titolo, ha due livelli di significato. Ho iniziato questo progetto dedicando molto tempo allo studio e alla ricerca delle storie delle tribù, andando "dietro" a loro, cercando ogni traccia ed energia che hanno lasciato. Poi ho iniziato a collegare queste storie ai problemi degli ebrei di oggi per rintracciare le nostre origini, il nostro codice genetico, per scoprire che non può esserci futuro senza passato, così come nessuna memoria senza ricordi. Sto aprendo una discussione su come il popolo ebraico moderno di tutto il mondo si rapporta all'eredità delle dodici tribù di Israele, migliaia di anni dopo.

G.C. *Entriamo ora nello specifico di questo lavoro. L'installazione è composta da dodici grandi medaglioni, ognuno di essi rappresenta una tribù ed è realizzato con materie, pietre e colori diversi. Ce li descriveresti brevemente?*

B.B. Reuben è il primogenito di Giacobbe, figlio di Leah. La gemma attribuitagli è il rubino. La sua tribù viveva su una montagna a est del fiume Giordano con una vista sul Mar Morto. Ho cercato di catturare l'idea di un altopiano ros-

Simeon is the second-born, and was also a son of Leah. He and his brother Levi avenged the rape of their sister Dinah. They were punished for their aggressiveness in doing so and were not given any land. They lived in the land of Judah in southeastern Israel. The Tribe of Simeon was responsible for teaching the children, a task that required significant intellectual freedom. The works are dominated by the green of Simeon's gemstone, the topaz, combined with the white, ochre, and brownish tones suggestive of his connection to the land.

Levi resided on Temple Mount and was responsible for taking care of the Jewish High Priests and enabling them to perform their duties. The symbol representing his tribe is the *choshen* [breastplate], his gemstone is the emerald, and his color is a rich, deep violet, in keeping with the robes of the High Priests. I used all of these elements in my work: violet dominates one side of the painting and is representative of the spirituality of the High Priest, while a sort of grid work appears on the other side, where the vertical and horizontal strokes made with emerald amongst other materials suggest, in addition to the texture of the priestly garment, the structure of the breastplate. The "grid" also metaphorically represents the close relationship between the twelve tribes, their diversity and their unity at the same time. There is also a reference to an image of a stairway that climbs the mountains of Jerusalem in a spiritual ascent.

Zebulun, whose symbol is the diamond, and Issachar are Leah's youngest sons. They had a special bond that I sought to evoke in the paintings. Zebulun's people were a tribe of merchants. By using various gradations of blue and outwardly radiating brushwork, I evoked the difficulties of seafaring and the trade relations with other peoples. I associate Zebulun's tribe with the element of water. Issachar's tribe worked in the intellectual sphere and they devoted themselves to the study of astrology and the *Tanakh*. Thus, the mutual support with Zebulun was important,

sastro che arriva fino al mare, ispirandomi all'immagine della nascita: dal liquido amniotico passiamo alla vita sulla terra e quindi al respiro. Il movimento circolare delle pennellate indica questo spostamento e fa riferimento all'Aria, che è l'elemento che per me lo caratterizza.

Shimon è il secondogenito, anch'egli figlio di Leah. Lui e suo fratello Levi hanno vendicato lo stupro della sorella Dinah. Sono stati puniti per la loro aggressività nel farlo e non hanno ricevuto alcuna terra. La tribù di Shimon viveva nella terra di Yehuda nel sud-est di Israele ed era responsabile dell'educazione dei bambini, un compito che richiedeva una grande libertà intellettuale. Il dipinto che lo rappresenta è dominato dal verde del topazio, la gemma di Shimon, combinato con tonalità bianche, ocra e brunastre che suggeriscono il suo legame con la terra.

Levi risiedeva sul Monte del Tempio e si prendeva cura degli sommi sacerdoti ebrei, consentendogli di svolgere i loro compiti. Il simbolo che lo rappresenta è il chòshen (il pettorale indossato dai sommi sacerdoti), la sua gemma è lo smeraldo, e il suo colore è un viola profondo, in armonia con le vesti sacerdotali. Ho usato tutti questi elementi nel mio lavoro: il colore viola domina un lato del dipinto ed è rappresentativo della spiritualità del sommo sacerdote, mentre dall'altra parte appare una specie di griglia dove i tratti verticali e orizzontali, fatti con lo smeraldo tra gli altri materiali, suggeriscono oltre alla consistenza del vestito sacerdotale la struttura del pettorale stesso. In senso metaforico, la "griglia" rappresenta anche la stretta relazione tra le dodici tribù, la loro diversità e al contempo la loro un'unità indivisibile. C'è anche un riferimento all'immagine di una scala che sale le montagne di Gerusalemme in un'ascesa spirituale.

Zebulun, il cui simbolo è il diamante, e Issachar sono i figli più giovani di Leah e avevano tra loro un legame speciale che ho cercato di trasferire nei dipinti. Quella di Zebulun era una tribù di marinai e mercanti. Usando varie sfumature di blu, stese con pennellate che si irradiano esternamente, ho evocato le difficoltà della navigazione e le relazioni

with one tribe dedicated to academia, science, and culture and the other to business and earthly matters. Issachar's stone is the extraordinarily blue lapis lazuli, which I used in the painting that represents him.

Judah is Leah's fourth son, whose stone is the garnet. His land stretched from the Mediterranean Sea to the Dead Sea and from south of Jerusalem to the Negev. I represented the deserts, seas, mountains, and valleys using a large number of natural colors taken from the soil. The animated brushstrokes, evoking perpetual movement driven by an incredible dynamism, were inspired by the galloping horses.

Benjamin is Rachel's son and the youngest of the brothers. His land included the hills north of Jerusalem. Saul, the first king of Israel, descended from this tribe. Benjamin's stone is the dark pink jasper. Combined with Jerusalem quartz, it creates beautiful gradations of white and pink. For me, this painting is the chakra of Jerusalem and exhibits the tribe's generative energy, its power and masculinity.

Joseph is also Rachel's son and his stone is the onyx. He did not inherit any land, which instead went to his sons Ephraim and Manasseh. Nevertheless, it is his name that appears on the breastplate of the high priest. As Jacob's favorite, Joseph was envied by his brothers who eventually sold him into slavery in Egypt. The painting reveals this ambiguous relationship that both connects him to and separates him from the others. The intersecting lines representing his children also imitate the weave of a fabric, recalling the coat that Joseph's brothers brought to Jacob to make him believe that Joseph was dead. There are two colors used for the lines—one is made with onyx and the other is a mixture of all the tribes' colors.

Asher's stone is the aquamarine. Son of Zilpah, Leah's handmaid, Asher was given land along the Mediterranean Sea from Mount Carmel to the Leontes River. This land was among the lushest and most fertile of Israel, providing olive

4

commerciali con gli altri popoli. L'Acqua è l'elemento che per me lo caratterizza. La tribù di Issachar era intellettuale e si dedicava allo studio dell'astrologia e del *Tanakh*. Pertanto, il sostegno reciproco con Zebulun era importante: una tribù dedicata al mondo accademico, scientifico e culturale e l'altra dedita agli affari e alle questioni terrene. La pietra di Issachar è lo straordinario blu lapislazzuli che ho usato nel dipinto che lo rappresenta.

Yehuda è il quarto figlio di Leah. La sua pietra è il granato. La sua terra si estendeva dal Mar Mediterraneo al Mar Morto e da sud di Gerusalemme al Negev. Ho rappresentato i deserti, i mari, le montagne e le valli usando un gran numero di colori naturali presi dal suolo. Le pennellate animate, che evocano il movimento perpetuo guidato da un incredibile dinamismo, si ispirano all'immagine dei cavalli al galoppo.

Benyamin, figlio di Rachele, è il più giovane dei fratelli. La sua terra includeva le colline a nord di Gerusalemme. Dalla sua tribù discende Saul, il primo re di Israele. La pietra di Benyamin è il diaspro rosa scuro che, in combinazione con il quarzo di Gerusalemme, crea meravigliose sfumature di bianco e rosa. Per me, questo dipinto è il *chakra* di Gerusalemme e mostra l'energia generativa della tribù, il suo potere e la sua mascolinità.

Anche Yosèf è figlio di Rachele e la sua pietra è l'onice. Non ereditò alcuna terra che invece fu data ai suoi figli Efráym e Menasheh. Tuttavia, è il suo nome ad apparire sul pettorale del sommo sacerdote. Come favorito di Giacobbe, Yosèf fu invidiato dai suoi fratelli che alla fine lo vendettero in schiavitù in Egitto. Il dipinto rivela questa relazione ambigua che lo collega e lo separa dagli altri. Le linee che si intersecano stanno a rappresentare questo rapporto, ma imitano anche l'intreccio di un tessuto, ricordando la tunica che i fratelli di Yosèf portarono a Giacobbe per fargli credere che egli fosse morto. Sono stati usati due colori per le linee: uno è fatto con l'onice e l'altro è una miscela cromatica dei colori impiegati per le altre tribù.

La pietra di Asher è l'acquamarina. Figlio di Zilpah, ancella di Leah, la sua terra si trovava lungo il Mar Mediterraneo,

oil to the other tribes during times of scarcity. I chose to represent the elements of Earth through Asher. There is a big difference between the two sides of this painting. On one side I depicted the prosperity of the rich vegetation; on the other side, the circular brushstrokes refer to the growth rings of trees. Thus, an inner and an outer view of trees: the introspective part and what is seen from the outside.

Dan is the son of Bilhah, Rachel's handmaiden. His stone is the citrine. His painting also shows a significant difference between the front and the back. One side is characterized by bold, dynamic brushwork evoking his peregrinations and swordsmanship; the other is almost evanescent. This is my way of representing the story of a tribe that succeeded in conquering a fertile land by force. A dual aspect that indicates the dynamic movement of battle and his love for the land. I associate the tribe of Dan with the element of Fire, given his passion and vigor.

Gad is another son of Zilpah. His stone is the amethyst, and his tribe lived on the east side of the Jordan River. His cities were refuges for sinners and the ill. The area the tribe inhabited was both urban and rural. His people had great herds of livestock and were also a warrior tribe. Here again the painting has one side that is more softly nuanced than its complement, which evokes power and aggressiveness both in color and dynamic brushstrokes.

Naphtali is the son of Bilhah. His stone is the agate. His tribe inhabited beautiful green lands rising up to mountains of volcanic rock. Their banner bore a gazelle, which represents speed and agility, but also a certain gentleness and femininity. The tribe was led by Devorah HaNeviah—Deborah the Prophetess—who embodied these virtues. She had the strength of a warrior and the sensitivity of a woman. Once again, I sought to represent and summarize all these elements through color and brushwork.

dal monte Carmelo al fiume Leonte, ed era una delle più fertili di Israele, fornendo olio d'oliva alle altre tribù durante i periodi di scarsità. Ho scelto di rappresentare l'elemento della Terra attraverso Asher. C'è una grande differenza tra i due lati di questo dipinto. Da una parte ho evocato la prosperità della ricca vegetazione; dall'altra, invece, le pennellate circolari si riferiscono agli anelli di crescita degli alberi. Quindi, una vista al contempo interna ed esterna: un lato introspettivo mentre l'altro rivela ciò che viene visto al di fuori.

Dan è il figlio di Bilhah, ancella di Rachele, la sua pietra è il citrino. Anche qui c'è una grande differenza tra la parte anteriore e quella posteriore. Un lato è caratterizzato da pennellate audaci e dinamiche che evocano le sue peregrinazioni e l'arte della spada; l'altro è quasi evanescente. Questo è il mio modo di rappresentare la storia di una tribù che è riuscita a conquistare con la forza una terra fertile. Un duplice aspetto che indica il movimento dinamico della battaglia e il suo amore per la terra. Associo la tribù di Dan all'elemento Fuoco, data la sua passione e il suo vigore.

Gad è un altro figlio di Zilpah e la sua pietra è l'ametista. Viveva sul lato est del fiume Giordano e le sue città erano rifugio per peccatori e malati. L'area abitata dalla tribù era sia urbana che rurale, possedevano grandi mandrie di bestiame e al contempo erano guerrieri. Il dipinto ha un lato più sfumato rispetto al suo complemento, che evoca potenza e aggressività sia nei colori sia nelle pennellate dinamiche.

Naftali è il figlio di Bilhah, la sua pietra è l'agata. La tribù abitava meravigliose terre verdi che si ergevano su montagne di roccia vulcanica. Il loro stendardo portava il simbolo di una gazzella che rappresentava velocità e agilità, ma anche una certa dolcezza e femminilità. La tribù era guidata da Dvorah HaNeviah — Deborah la profetessa — che incarnava queste virtù: la forza di un guerriero e la sensibilità di una donna. Ho cercato di rappresentare e riassumere tutti questi elementi attraverso il colore e le pennellate.

Aknowledgments

Following the success of our exhibition in Venice last year, we have been honored with another invitation from Italy, this time to exhibit in the Polo Museale del Lazio in Rome. Beverly Barkat's work has clearly found a welcoming audience in this part of Europe, and we would like to thank a number of people who have assisted us thus far and made this journey possible.

Our sincere thanks goes to the exhibition curator, Dr. Giorgia Calò, who currently also serves as the Councilor of Culture of the Jewish Community in Rome, for her enthusiastic support and her championing of Beverly Barkat's work, as well as her outstanding professionalism, academic excellence, and sensitive appreciation of artistic creativity. We are deeply grateful to the Ambassador of Israel to Rome, His Excellency Mr. Ofer Sachs, for supporting *After the Tribes* exhibition as one of the events related to celebrating the seventieth anniversary of the foundation of the state of Israel. A huge thank you goes to Mr. Eldad Golan, Cultural Attaché, for navigating and realizing the exhibition, as well as to Valentina Funaro, Embassy Secretary, whose efficiency and promptness had made our collaboration a pleasure. The Italy–Israel Foundation for Culture and the Arts, its President Piergaetano Marchetti and Director Anita Friedman also deserve our sincere thanks.

We would like to extend our appreciation to Edith Gabrielli, Director of the Polo Museale del Lazio, for allowing us to use their beautiful space, the Museo Boncompagni Ludovisi, just as we would like to express our gratitude to Matilde Amaturo, Director of the Museo Boncompagni Ludovisi, and her museum team.

It was an absolute pleasure to work with Dr. Raffaella Frascarelli Sciarretta of the Nomas Foundation, and we wish to thank her for her sincere and affectionate endorsement of the project.

A well-deserved thank you also goes to Yuval Telem, our metalsmith, who enabled the artist's site-specific installation to take form.

Our continuing collaboration with the Micha Weidmann Studio, London, has once again yielded wonderful results. We would like to thank the studio's director Micha Weidmann and Jurate Gacionyte for their keen appreciation of Beverly Barkat's visual idiom, and for translating this masterfully into our graphic language.

Our publishers Marsilio Editori, especially Martina Mian and her editorial team, deserve a special note of thanks for providing the exhibition with an exquisitely produced and timely catalogue to accompany its artworks and story.

We would also like to thank our press team—Elena Pardini, Mara Sartore, Teresa Sartore, and their Lightbox team in Italy, Yael Lotan with her Lotan Communications team and Caroline Shapiro in Israel— for being such a persistent and creative force in presenting and promoting the project locally and internationally.

Our heartfelt thanks also go to Tor Ben Mayor, Daniel Ben Mayor, and Meni Elias for capturing a sensitive artistic portrait on film in a way that only the best directors can.

Dr. Samuele Rocca, an excellent historian and academic, keenly addressed the theme of the twelve tribes and Barkat's artistic idiom. The catalogue has been even further enriched by his fascinating historical take on the themes touched on by the exhibition.

We are also grateful to the architect and photographer Vartivar Jaklian for his contribution and insights as well as his beautiful photographs taken in the museum. We would also like to thank our photographer Michael Amar for the outstanding photographs he took in Israel.

Ana Marija Kovač, with her ability and readiness to deal with various tasks with the utmost efficiency, has been an invaluable collaborator on this project.

Last but not least, our sincere thanks also go to our back office in Israel, especially to Itamar Barhum and Vered Talmon; to our legal advisors Narda Ben-Zvi and Chana Tauber in Israel; to our shipping company Amit LTD Shipping & Logistics especially to its director Amir Shani; to our translation company in Milan and our Hebrew translation editor Nachum Avniel in Israel; to our installation team in Rome; and to all our relatives and friends who in one way or another shared their vision and support.
Thank you!

Mia Dora Prvan
Project Director

Ringraziamenti

Dopo il successo della mostra a Venezia dello scorso anno, l'Italia ci ha onorati con un altro invito, questa volta per esporre al Polo Museale del Lazio a Roma. In questa parte d'Europa, il lavoro di Beverly Barkat ha chiaramente incontrato il favore del pubblico, perciò desideriamo ringraziare le persone che ci hanno aiutato sinora, rendendo possibile questa avventura.

I nostri sinceri ringraziamenti vanno alla curatrice della mostra, la dottoressa Giorgia Calò, che attualmente ricopre anche l'incarico di Assessore alla Cultura della Comunità Ebraica di Roma, per aver sostenuto e promosso entusiasticamente l'opera di Beverly Barkat, nonché per la sua eccezionale professionalità, eccellenza accademica e sensibile apprezzamento della creatività artistica.
Siamo profondamente grati all'Ambasciatore di Israele in Italia, Sua Eccellenza Ofer Sachs, per aver sostenuto la mostra *After the Tribes* come uno degli eventi legati alla celebrazione del settantesimo anniversario della fondazione dello Stato di Israele.
Un sentito ringraziamento va a Eldad Golan, addetto culturale, per aver navigato e realizzato la mostra, e a Valentina Funaro, assistente ufficio culturale dell'Ambasciata d'Israele, la cui efficienza e tempestività hanno reso piacevole la collaborazione.
La Fondazione Italia-Israele

per la Cultura e le Arti, il suo presidente Piergaetano Marchetti e la sua direttrice Anita Friedman meritano egualmente nostri sinceri ringraziamenti.

Desideriamo estendere la nostra riconoscenza a Edith Gabrielli, direttrice del Polo Museale del Lazio, per averci affidato il bellissimo spazio del Museo Boncompagni Ludovisi, e a Matilde Amaturo, direttrice del Museo Boncompagni Ludovisi, nonché alla sua squadra di lavoro.

È stato un autentico piacere lavorare con Raffaella Frascarelli Sciarretta della fondazione Nomas, che ringraziamo per il suo sincero e affettuoso sostegno al progetto.

Un doveroso ringraziamento va a Yuval Telem, il nostro fabbro, per aver permesso di tradurre la visione dell'artista nelle opere in ferro per l'installazione site-specific.

La nostra collaborazione continuativa con il Micha Weidmann Studio di Londra ha portato ancora una volta a risultati straordinari.
Il nostro ringraziamento va a Micha Weidmann, direttore, e a Jurate Gacionyte, per il profondo apprezzamento del linguaggio visivo di Beverly Barkat e per averlo tradotto così efficacemente nel nostro progetto grafico.

L'editore Marsilio, in particolare Martina Mian e i suoi collaboratori meritano un ringraziamento particolare per aver messo a disposizione della mostra una pubblicazione tempestiva che ne accompagna le opere e la storia.

Ringraziamo il nostro ufficio stampa – Elena Pardini, Mara Sartore, Teresa Sartore e il team di Lightbox in Italia, e Yael Lotan, il team di Lotan Communications e Caroline Shapiro in Israele, per il loro ruolo di forza creativa e costante nella presentazione e promozione del progetto a livello locale e internazionale.

Desideriamo anche ringraziare Tor Ben Mayor, Daniel Ben Mayor e Meni Elias per aver realizzato un ritratto artistico su pellicola ricco di sensibilità, in un modo che si ritrova solo presso i migliori registi.

Samuele Rocca, storico e accademico di valore, si è impegnato a fondo sul tema delle dodici tribù e del linguaggio artistico di Beverly Barkat, arricchendo il catalogo di un'affascinante prospettiva storica.

Siamo grati a Vartivar Jaklian, architetto e fotografo, per il suo contributo e le sue intuizioni, oltre che per le bellissime fotografie scattate al Museo.
Ringraziamo anche il nostro fotografo Michael Amar per le eccellenti fotografie scattate in Israele.

Ana Marija Kovač, con la sua capacità e disponibilità a svolgere rapidamente compiti diversi, è stata per questo progetto una collaboratrice preziosissima.

Infine, il nostro sincero ringraziamento va anche al nostro back office in Israele, in particolare a Itamar Barhum e Vered Talmon; ai consulenti legali Narda Ben-Zvi e Chana Tauber; alla compagnia di navigazione Amit LTD Shipping & Logistics, in particolare al suo direttore Amir Shani; alla società di traduzione di Milano e al nostro editor per la lingua ebraica Nachum Avniel in Israele; alla squadra di installatori di Roma; e a tutti i parenti e amici che in un modo o nell'altro hanno condiviso le loro intuizioni e il loro sostegno: grazie!

Mia Dora Prvan
Direttrice del progetto

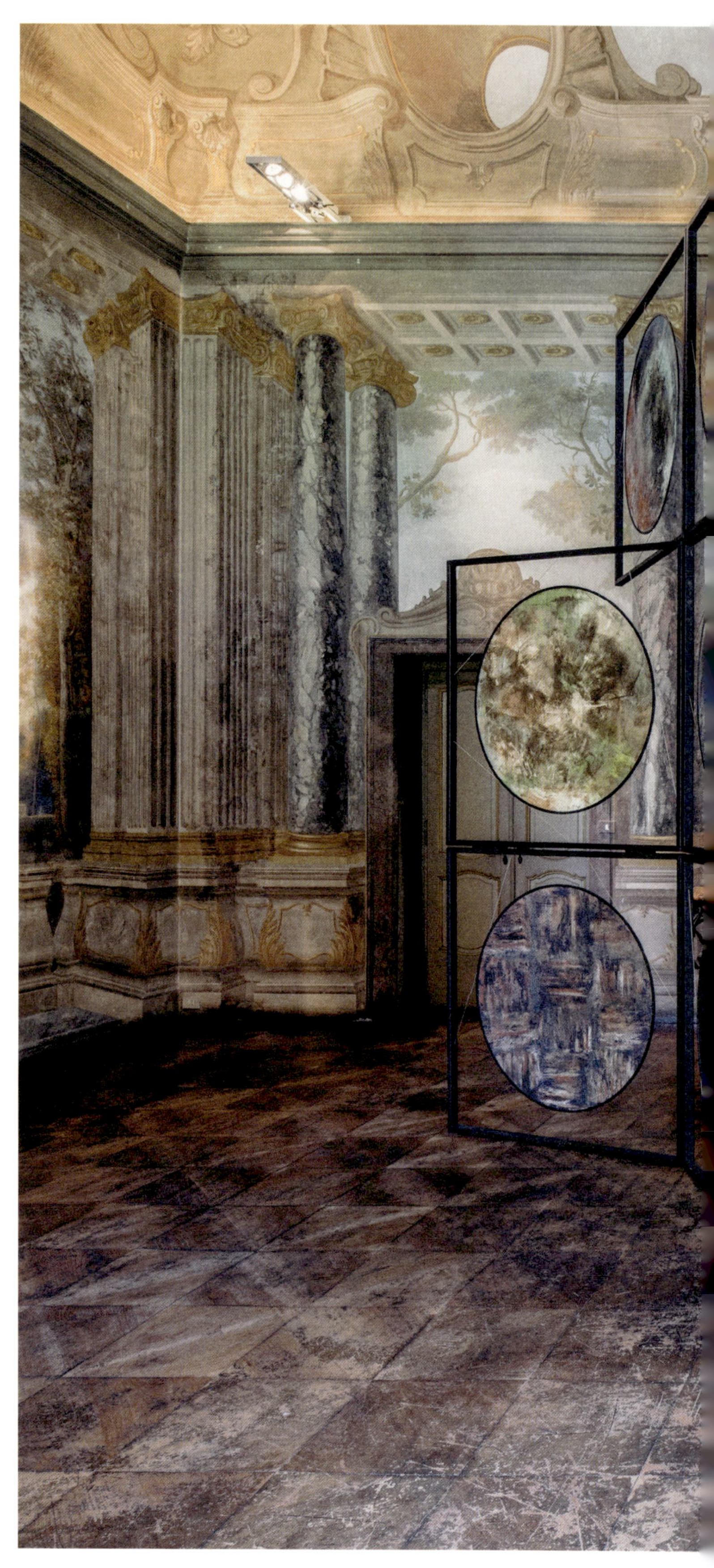

Museo Boncompagni Ludovisi, Rome

מוזיאון 'בונקומפאני לודוביסי', רומא

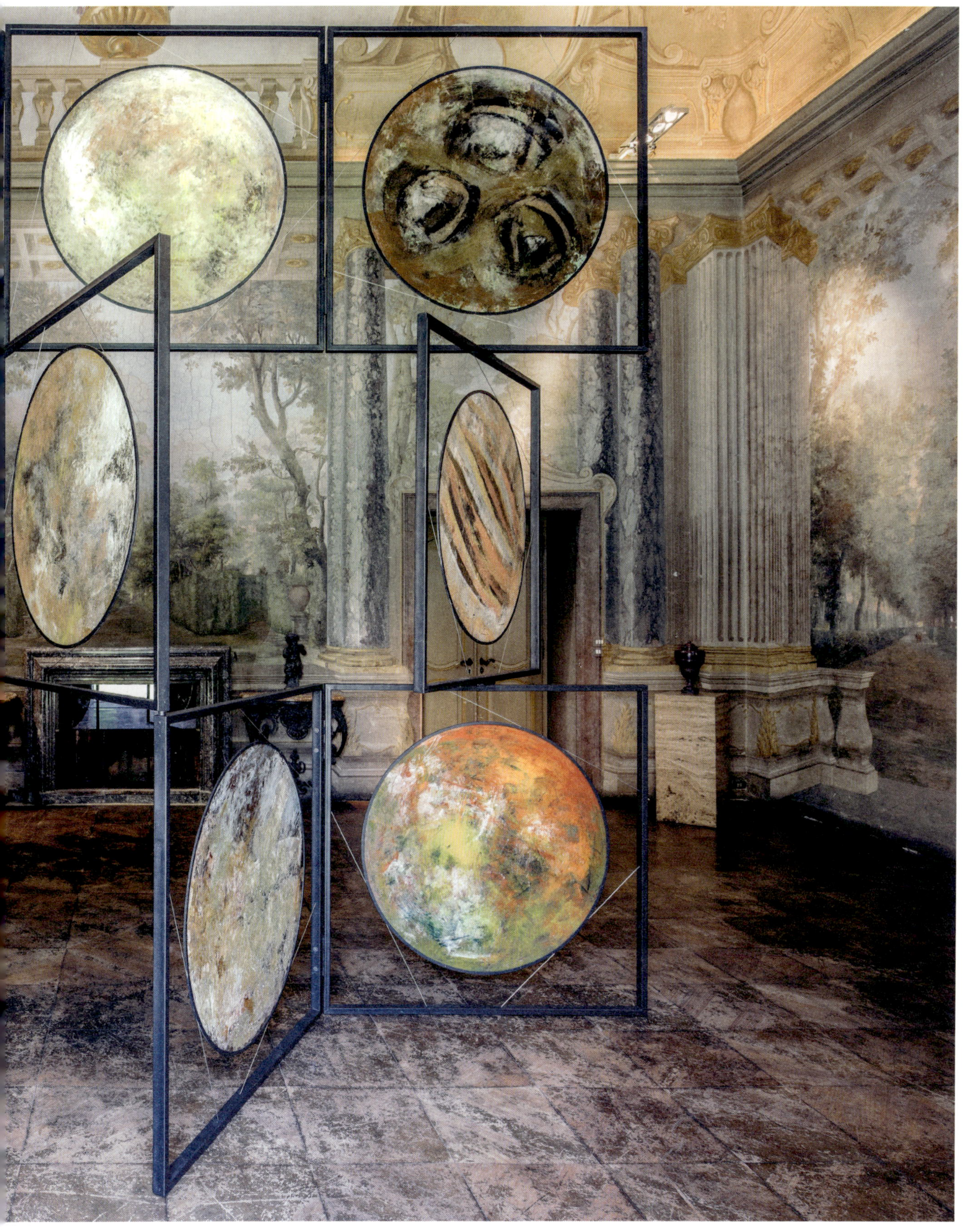

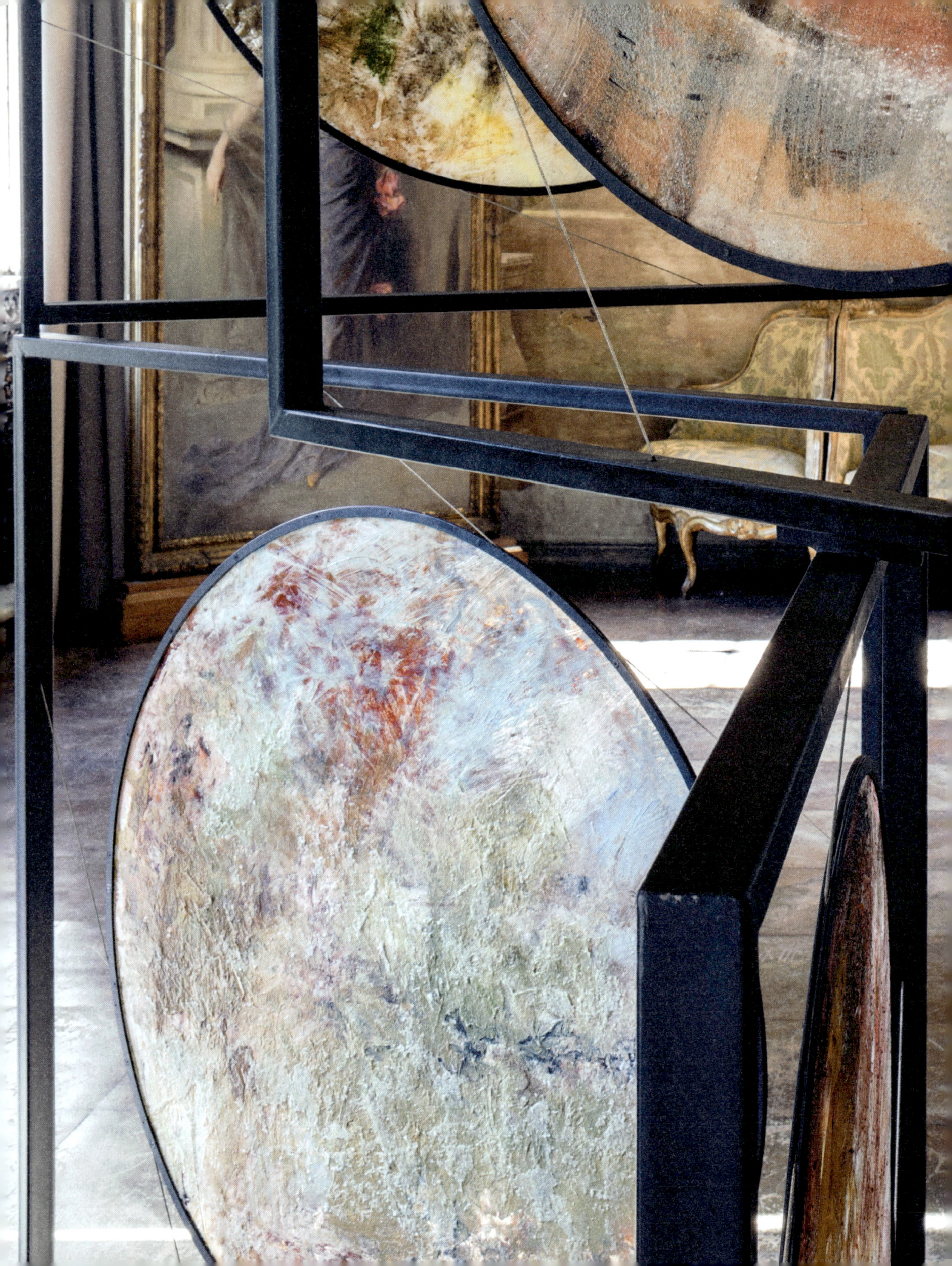

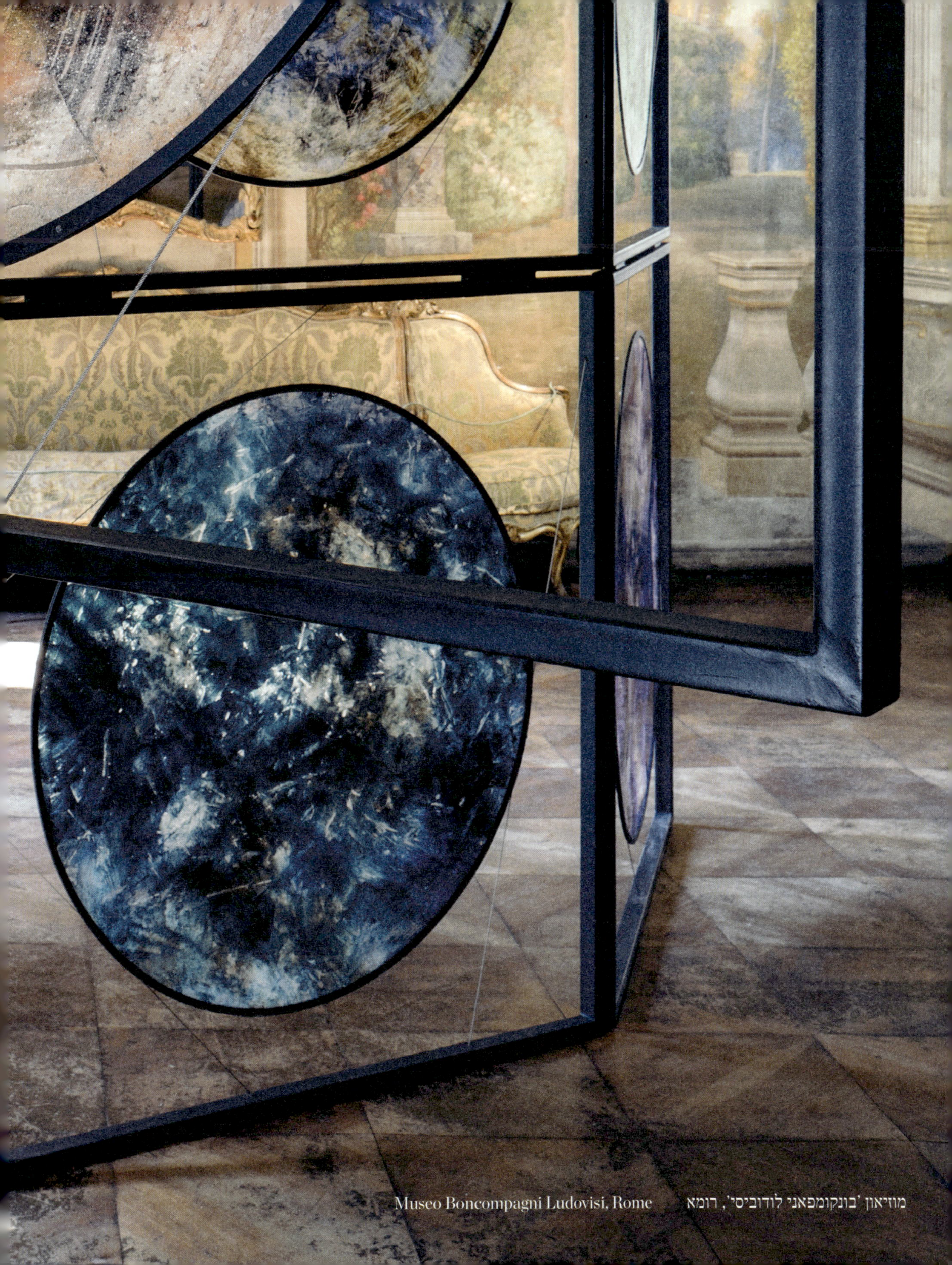

Museo Boncompagni Ludovisi, Rome מוזיאון 'בונקומפאני לודוביסי', רומא

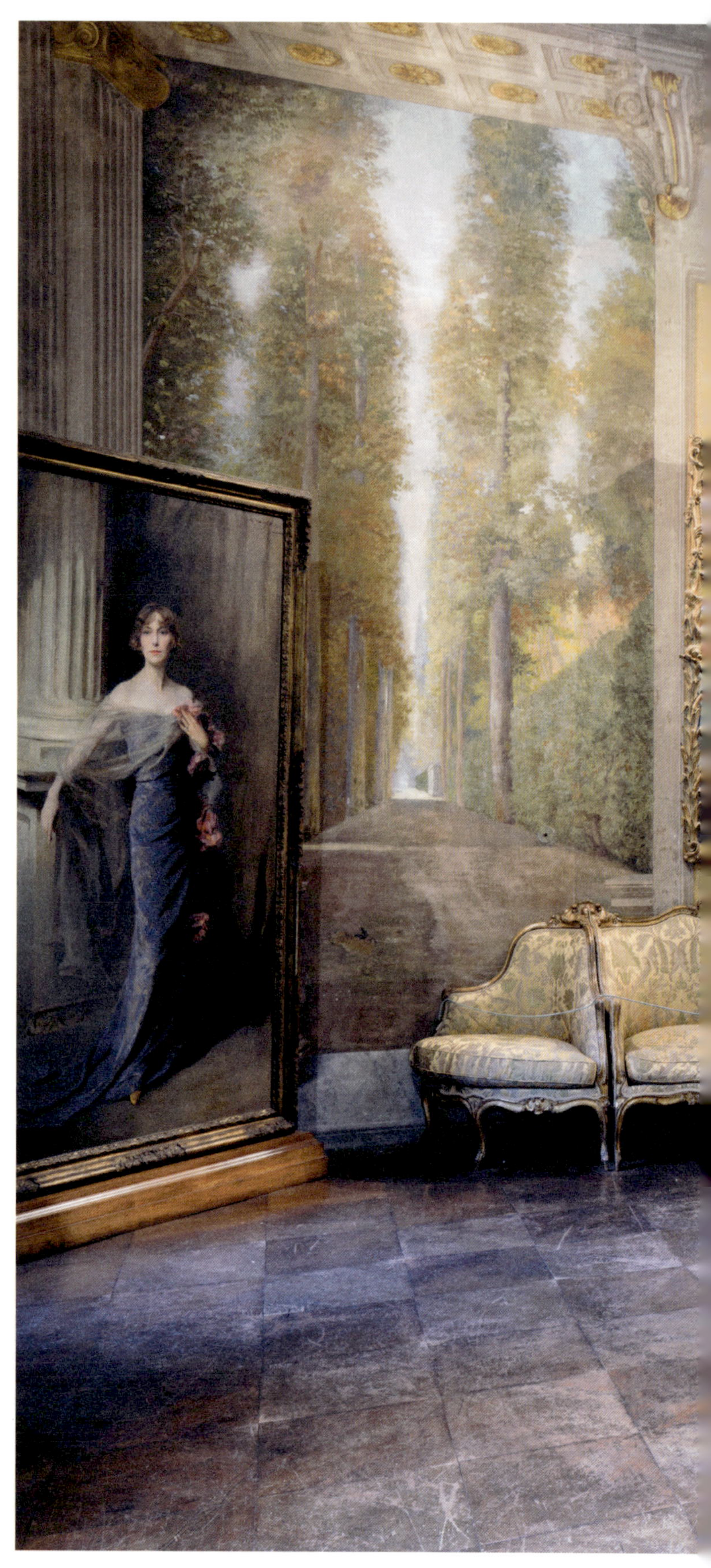

Museo Boncompagni Ludovisi, Rome

מוזיאון 'בונקומפאני לודוביסי', רומא

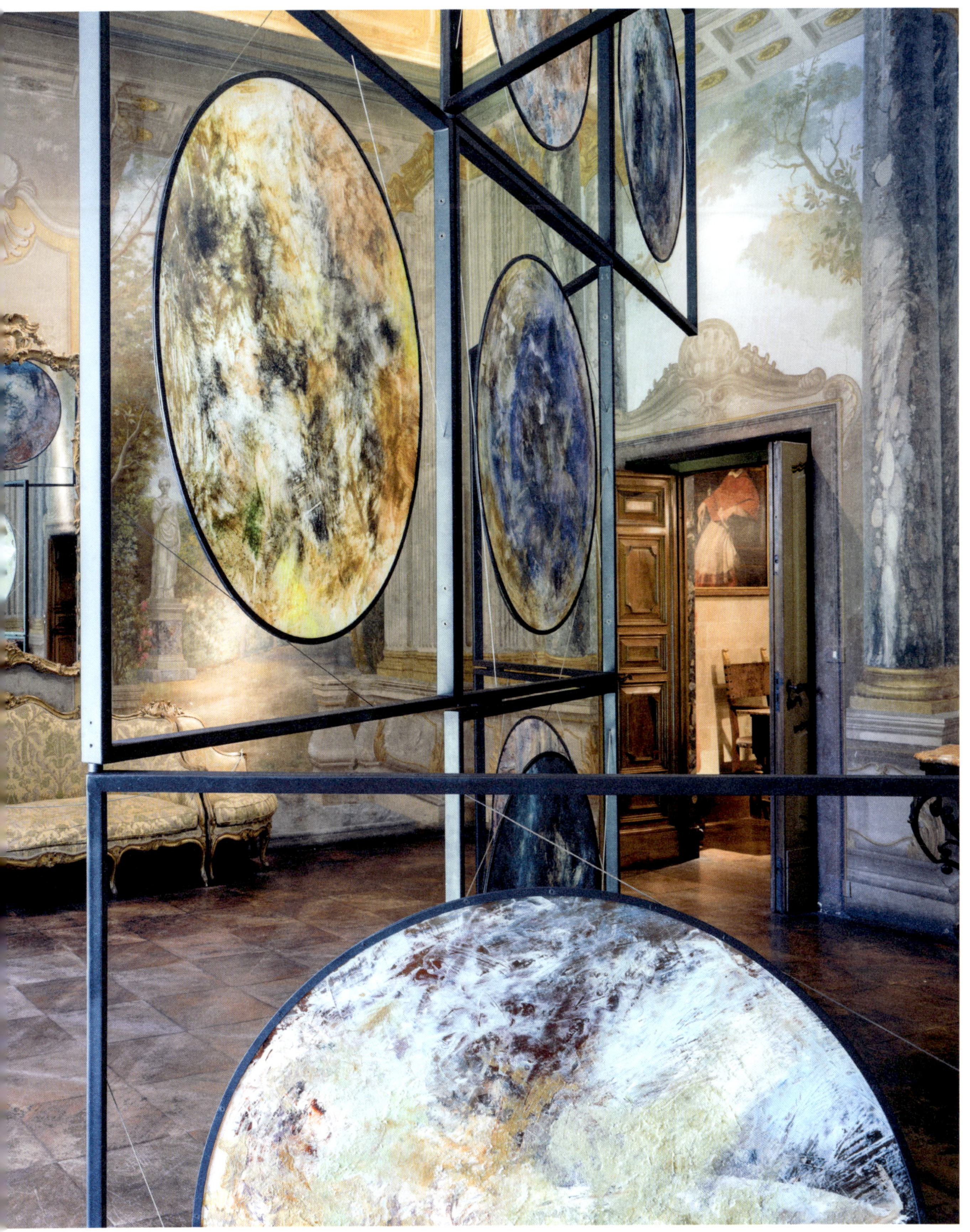

Museo Boncompagni Ludovisi, Rome   מוזיאון 'בונקומפאני לודוביסי', רומא

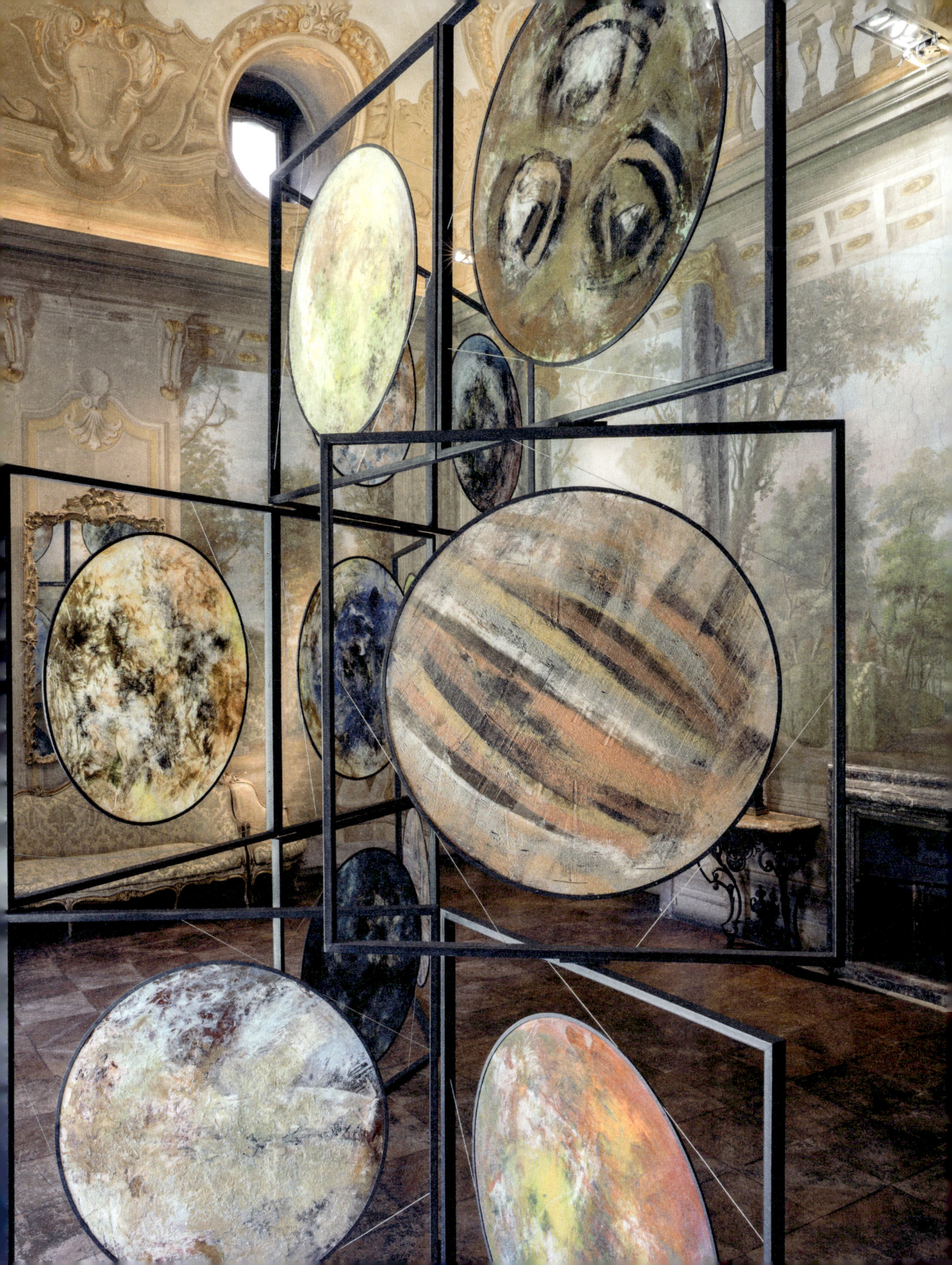

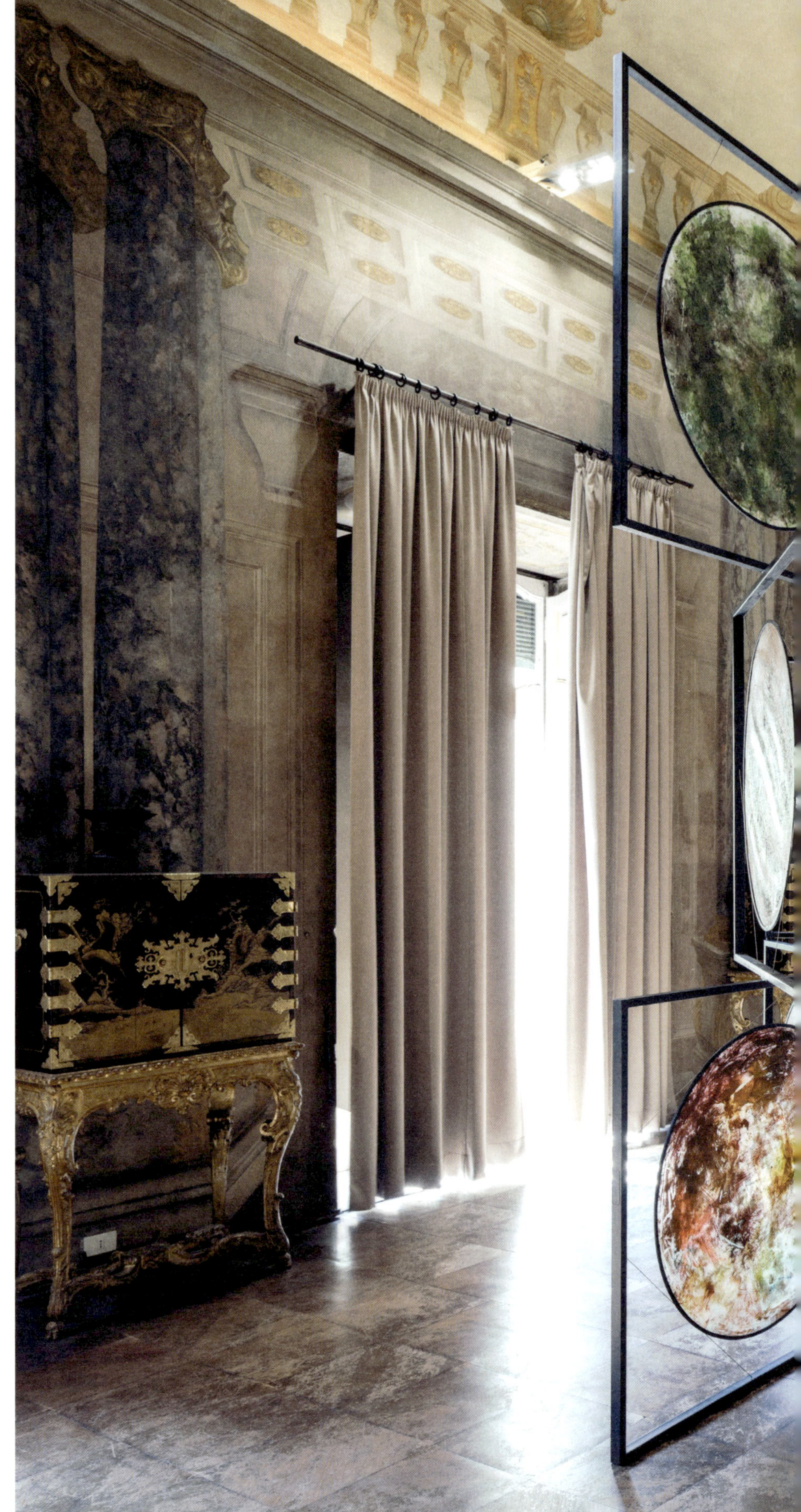

Museo Boncompagni Ludovisi,
Rome

מוזיאון 'בונקומפאני לודוביסי', רומא

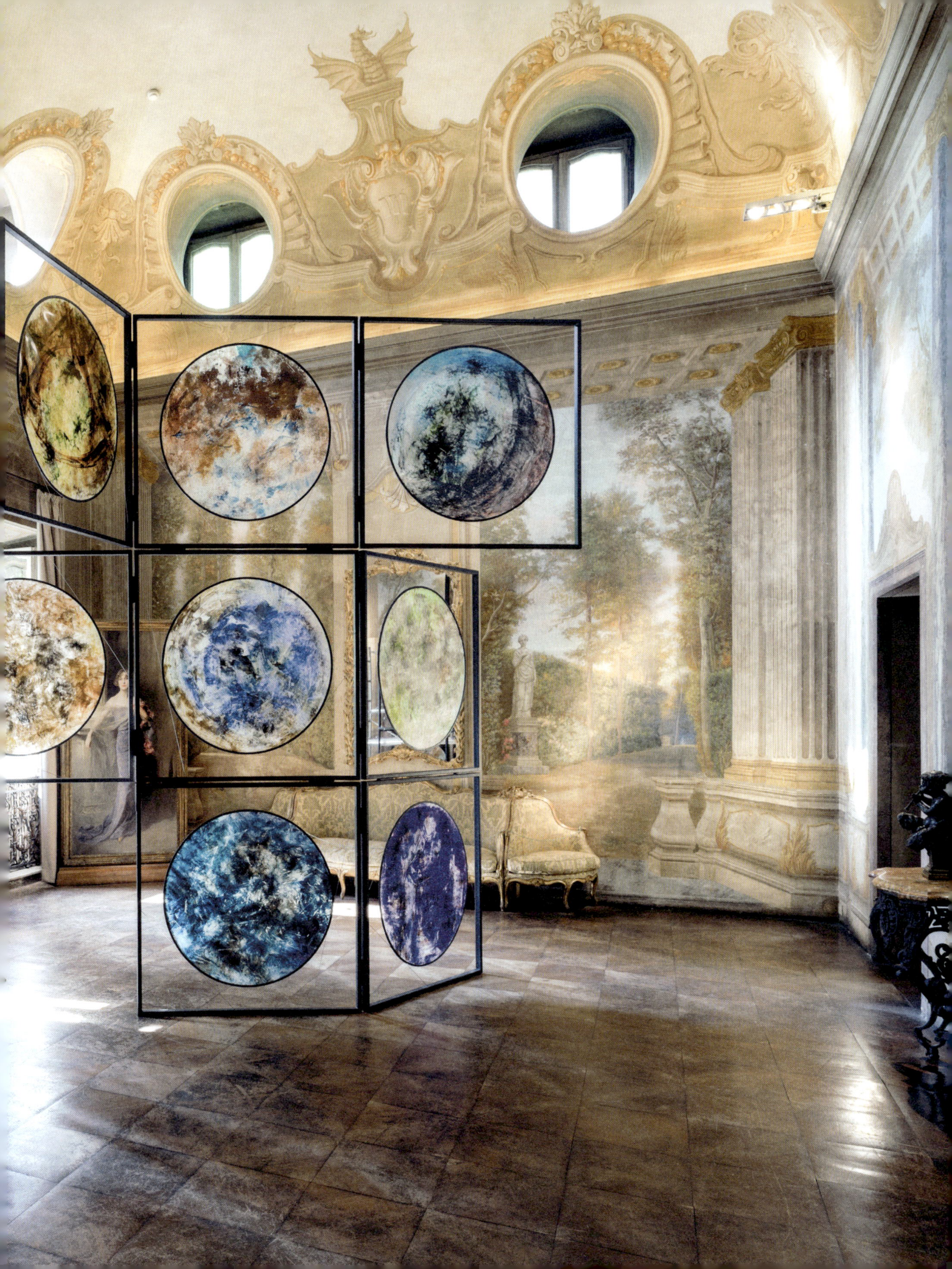

AFTER THE TRIBES

2018

Three-dimensional metal
structure with 12 paintings
hung with wire rope

Struttura tridimensionale
in metallo con dodici dipinti
appesi mediante cavo metallico

Paintings:
Soil, stone, semi-precious stones,
shells, oil and pastels mixed with
acrylic medium on PVC.
12 circles, Ø 100 cm each

Dipinti:
Terra, pietra, pietre semipreziose,
conchiglie, olio e pastelli
miscelati con acrilico su PVC
12 cerchi, Ø 100 cm

Metal structure:
12 squares 133 × 133 cm each
height: 400 cm
width: 325 cm
length: 500 cm

Struttura in metallo:
12 quadrati, 133 × 133 cm ciascuno
altezza: 400 cm
larghezza: 325 cm
lunghezza: 500 cm

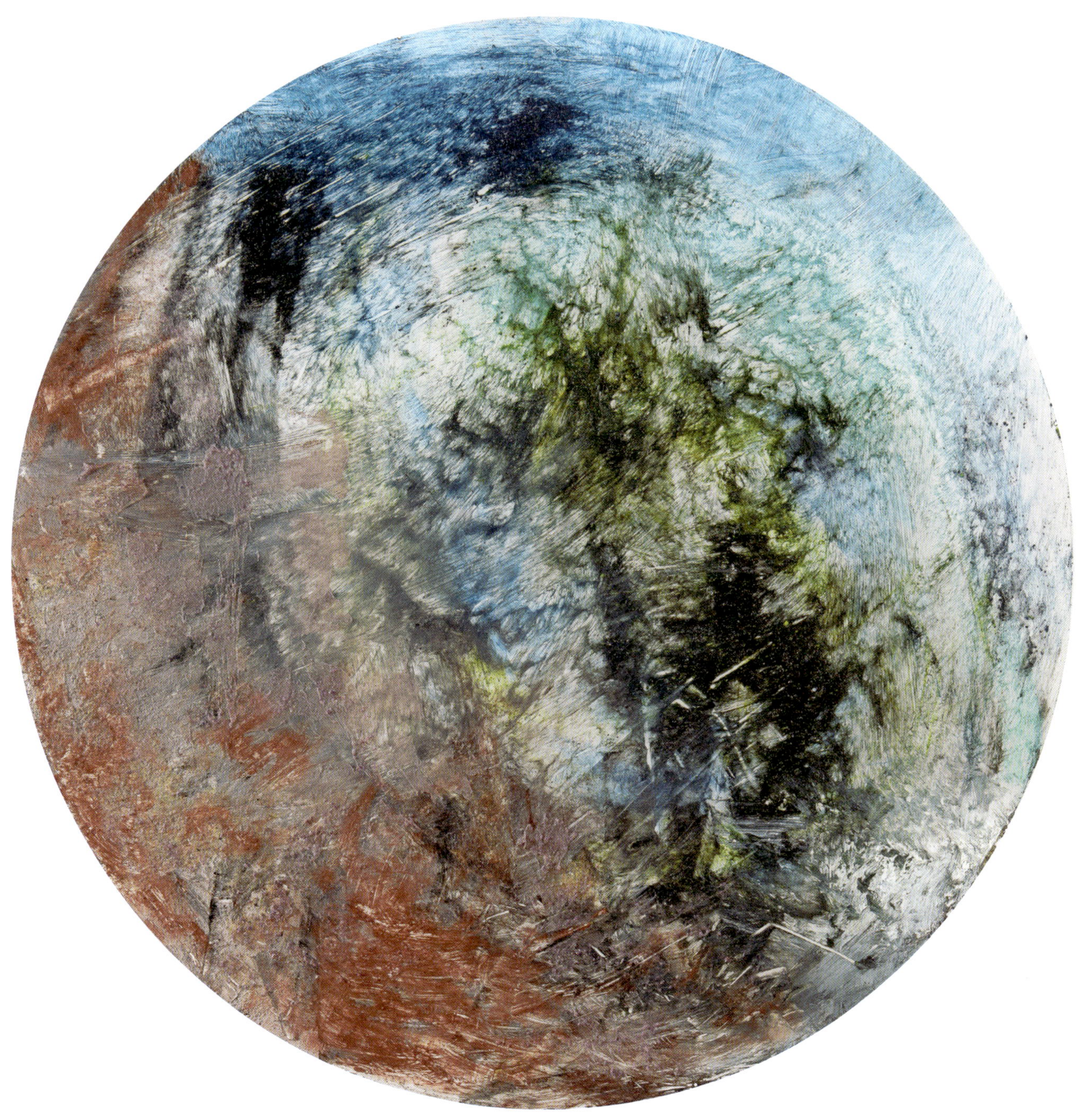

Reuben 1 ראובן

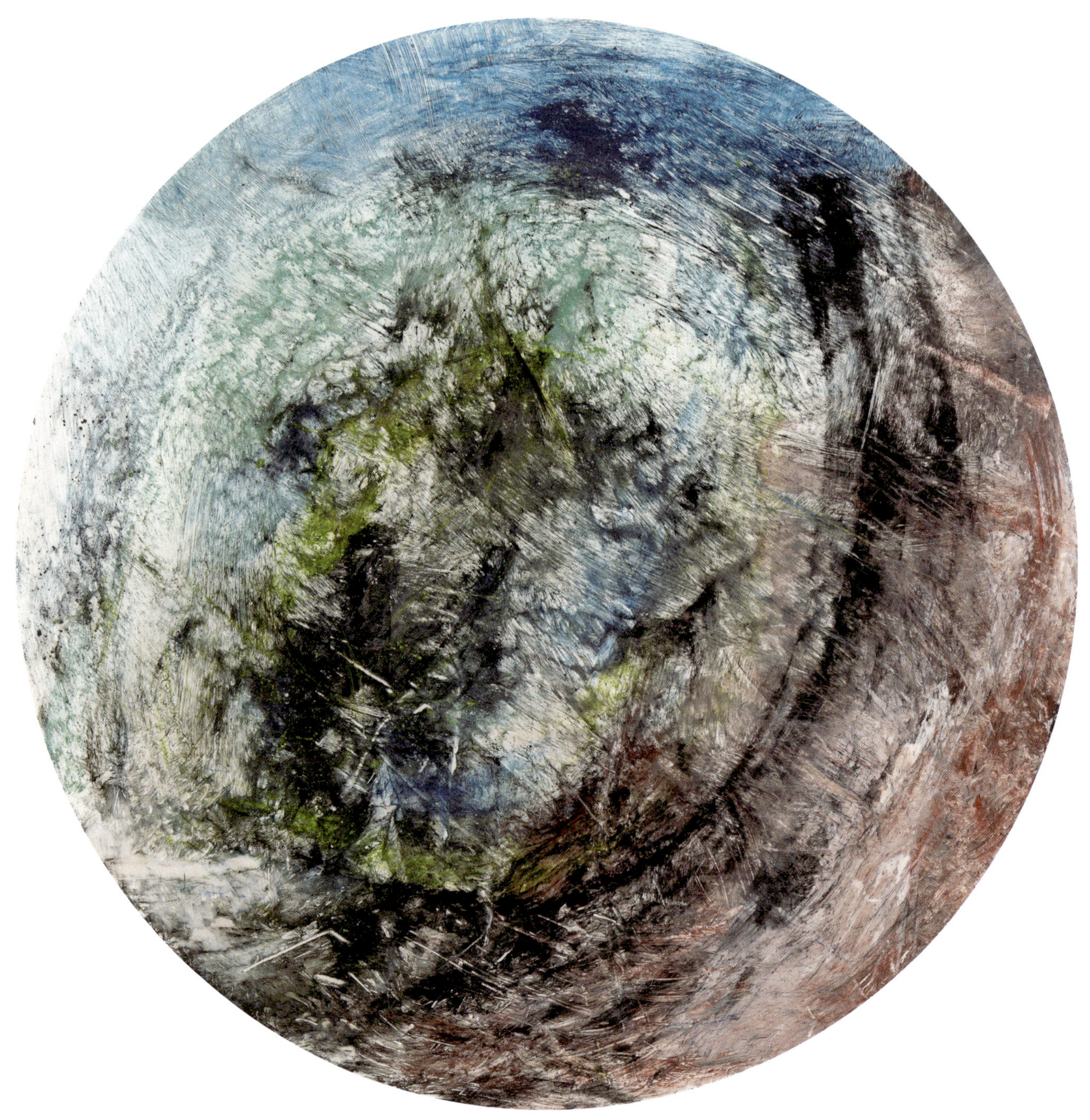

Reuben 2 ראובן

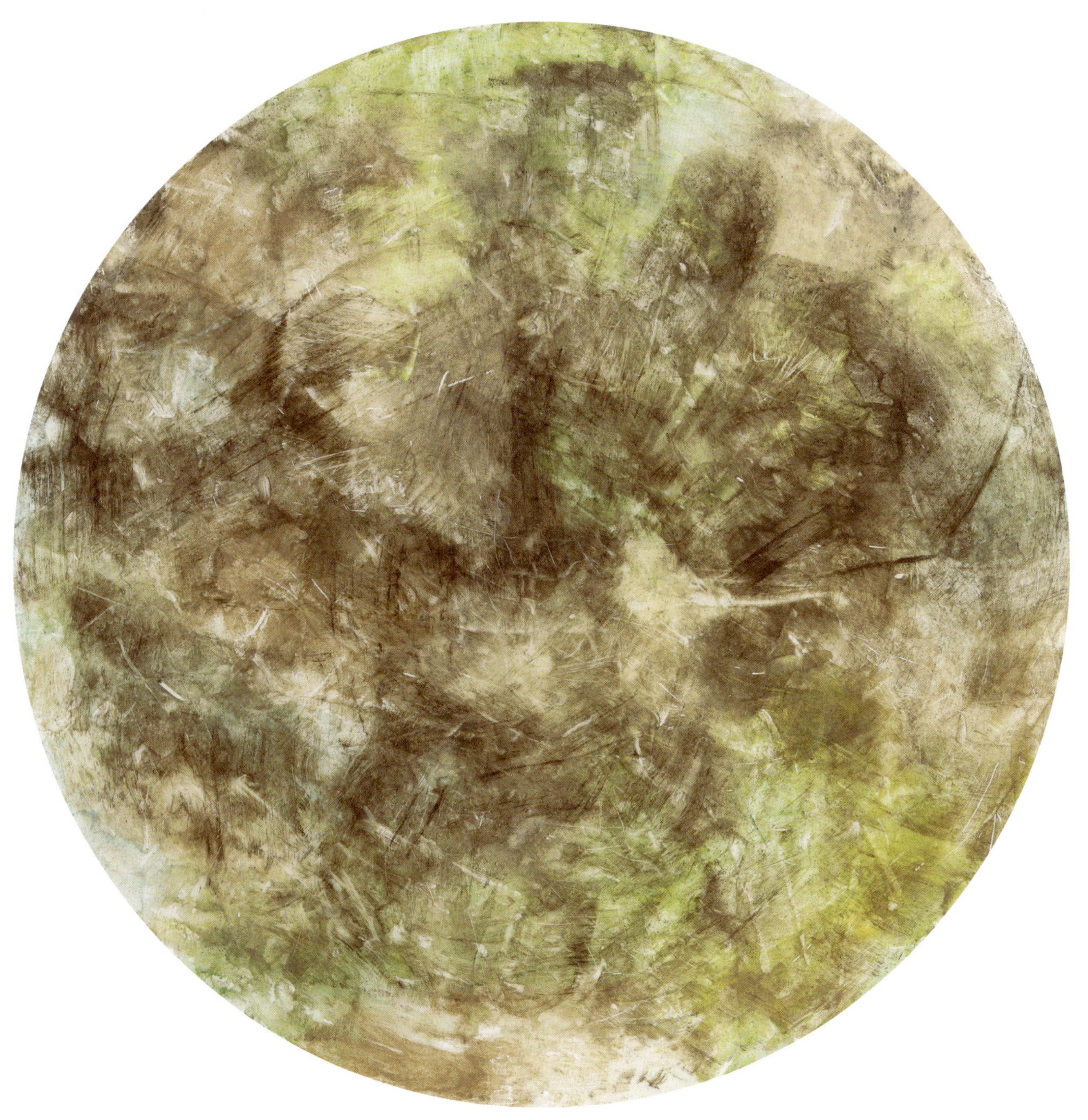

Simeon 1 שמעון

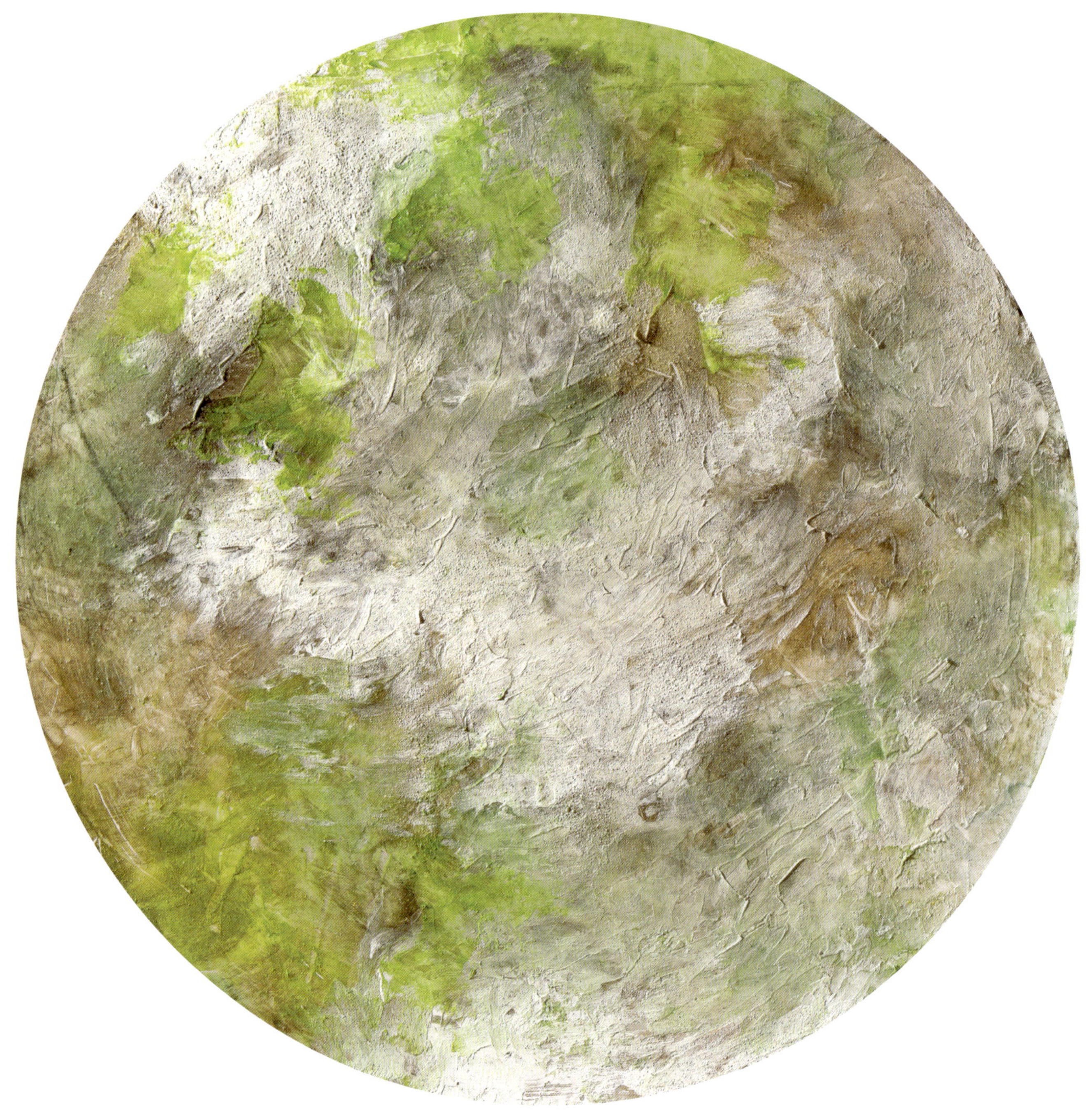

Simeon 2 שמעון

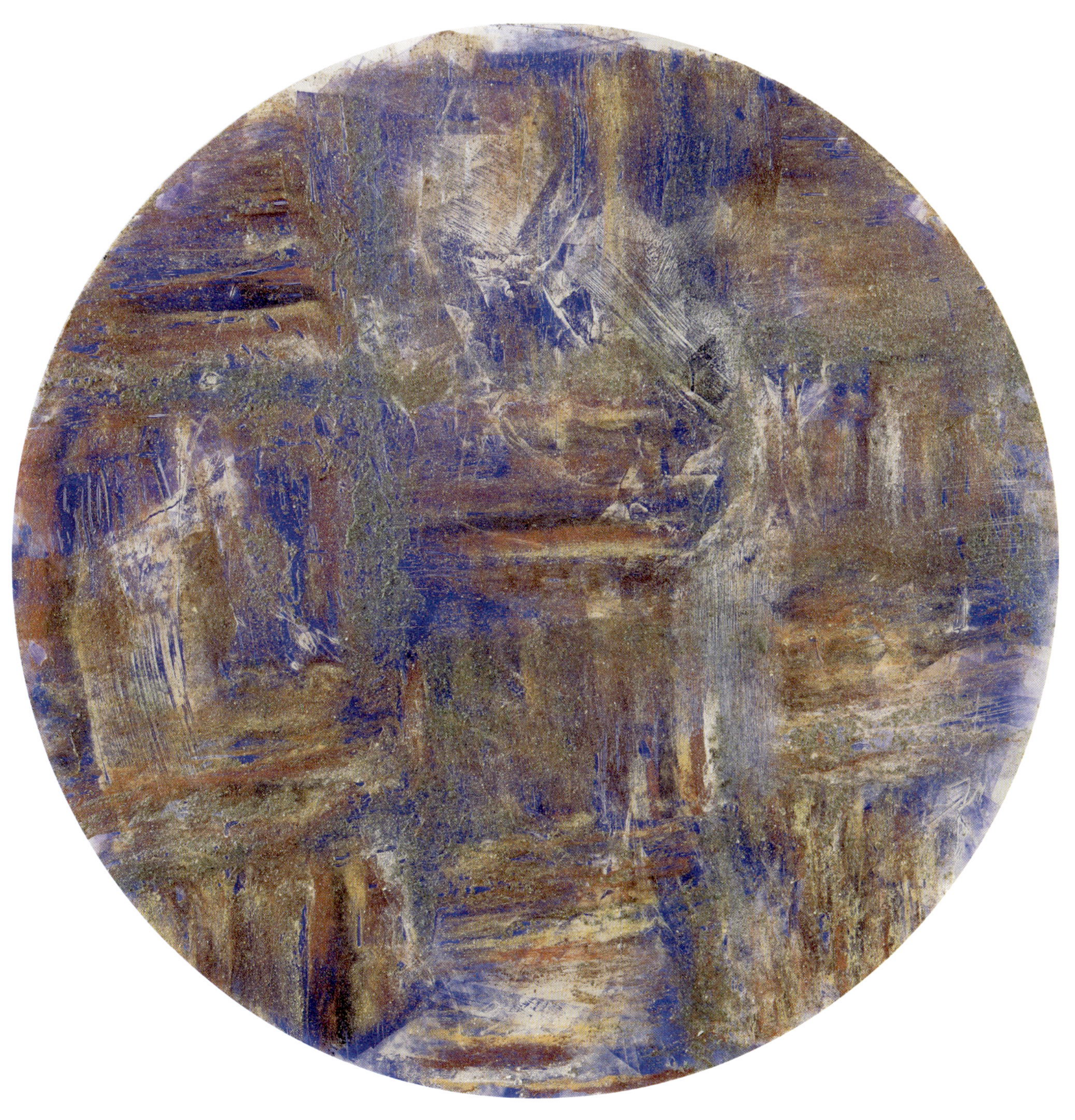

Levi 1 לוי

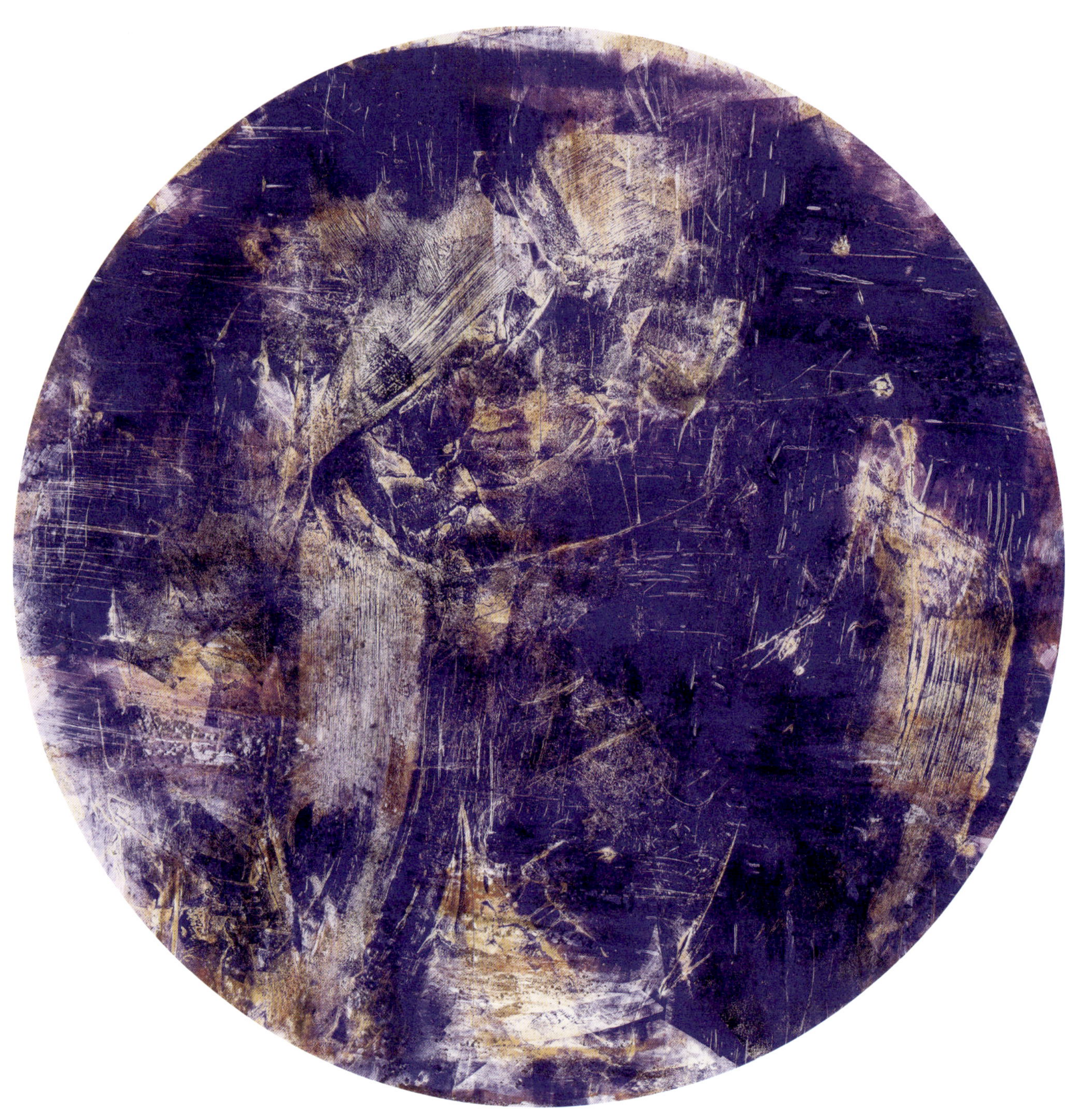

Levi 2 לוי

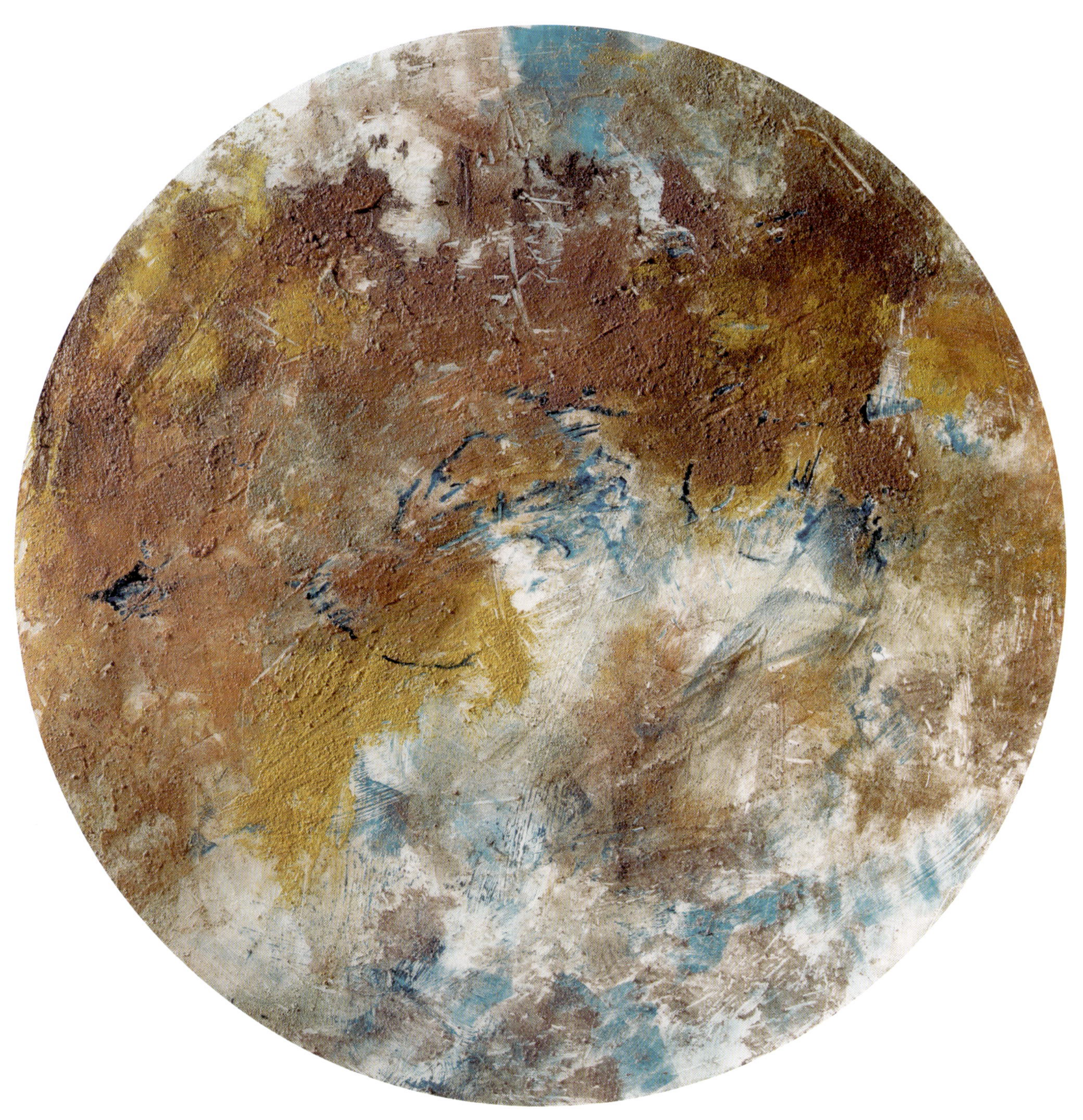

Judah 1 יהודה

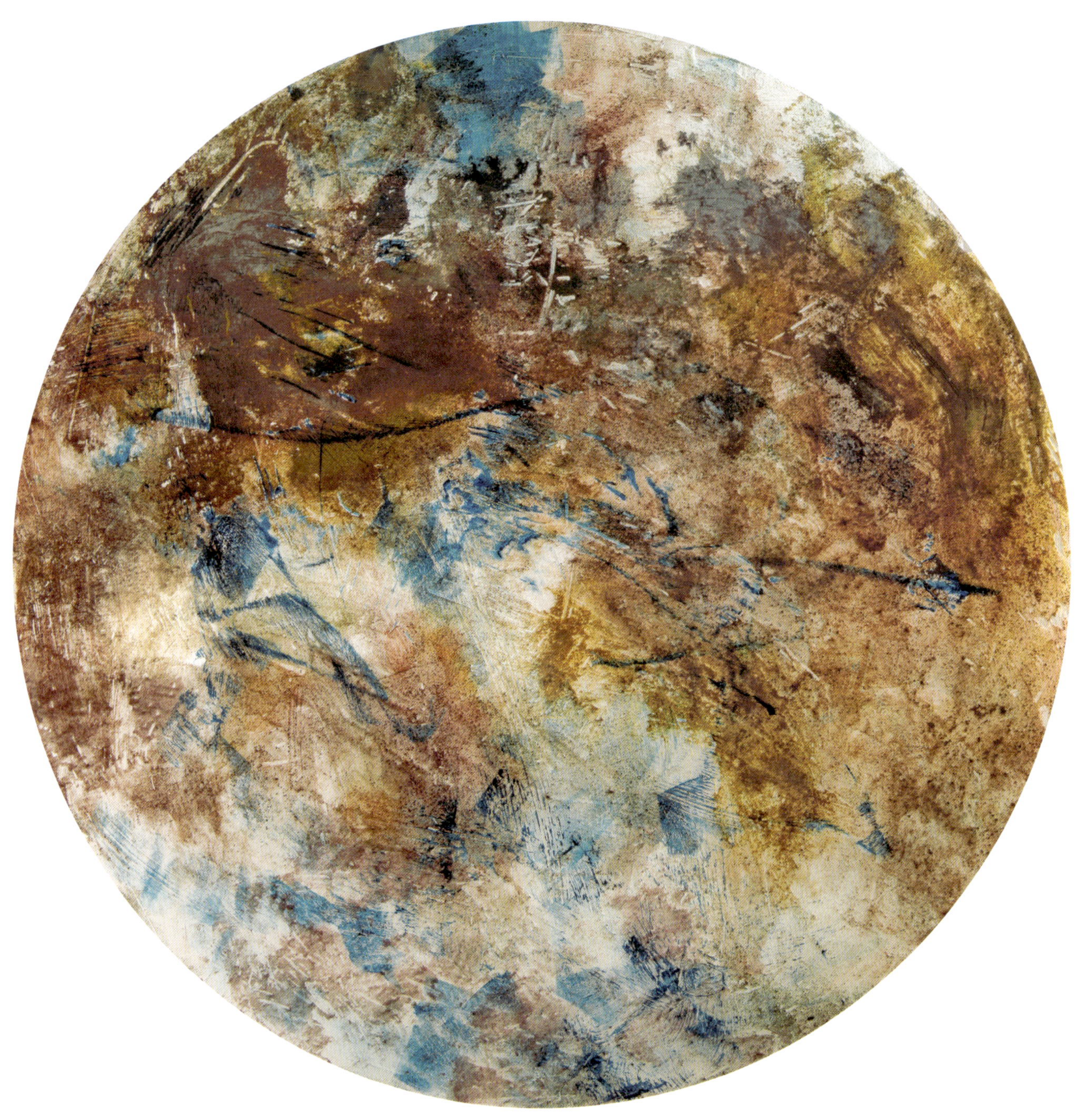

Judah 2 יהודה

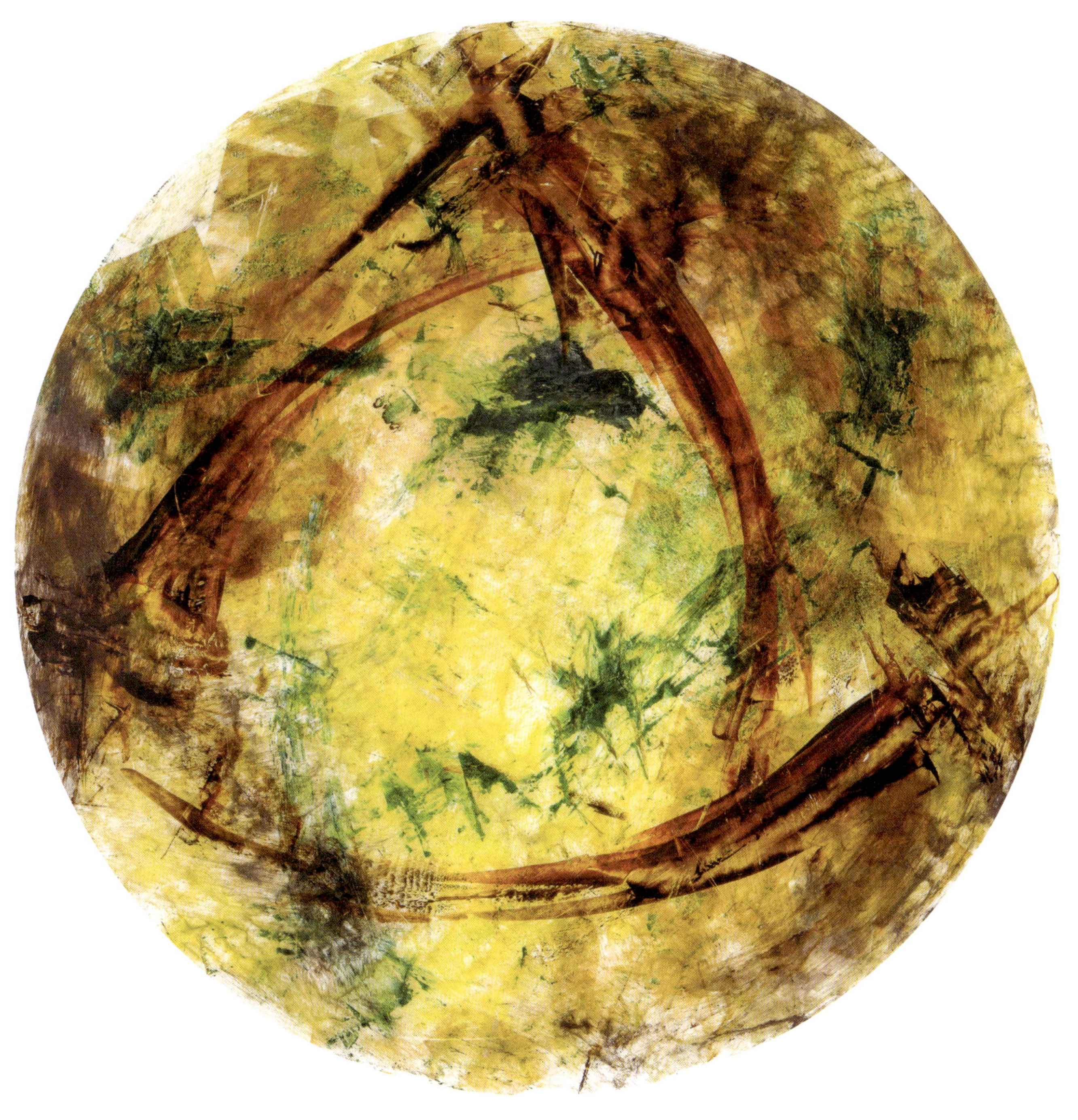

Dan 1 |7

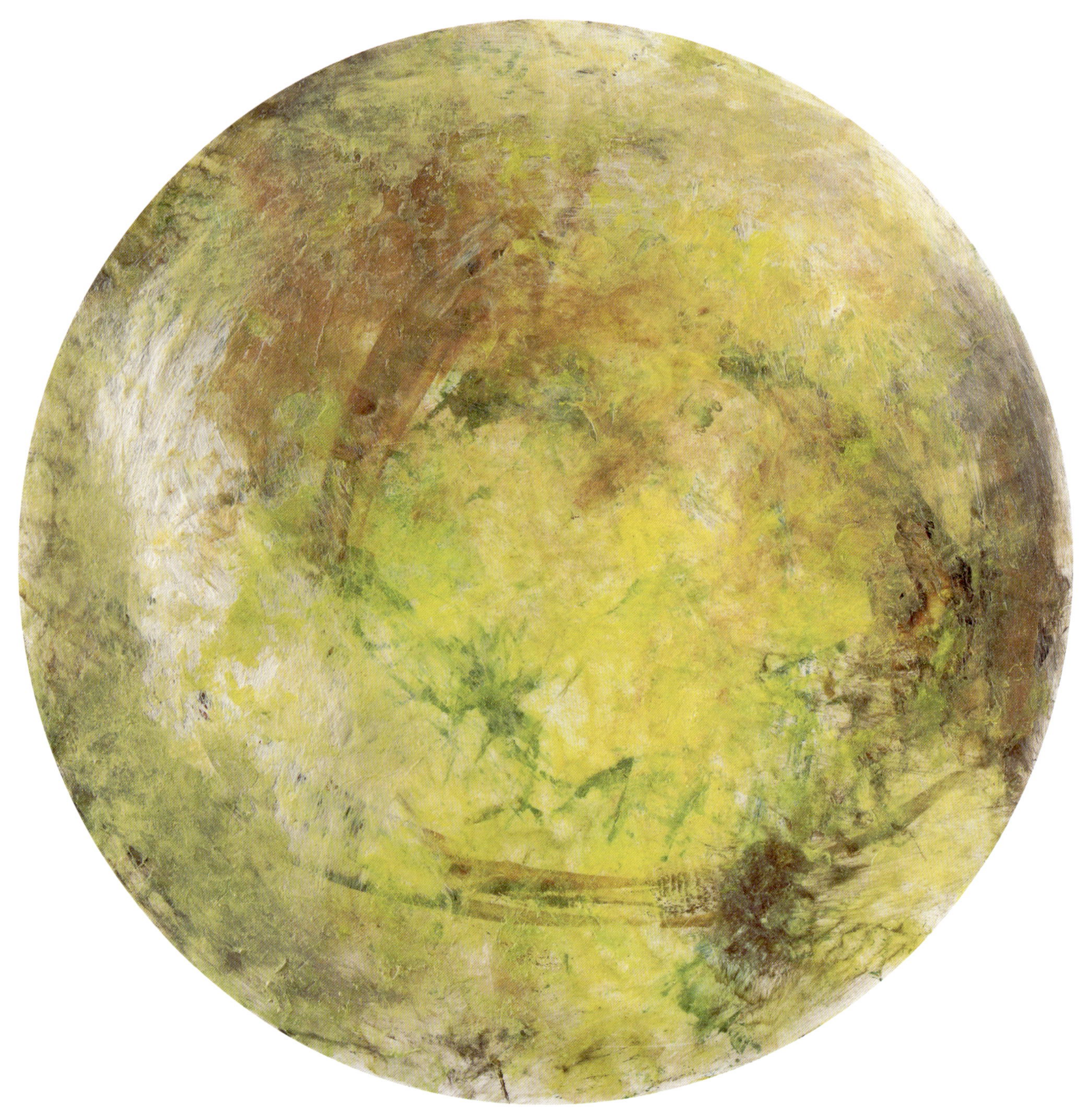

Dan 2 דן

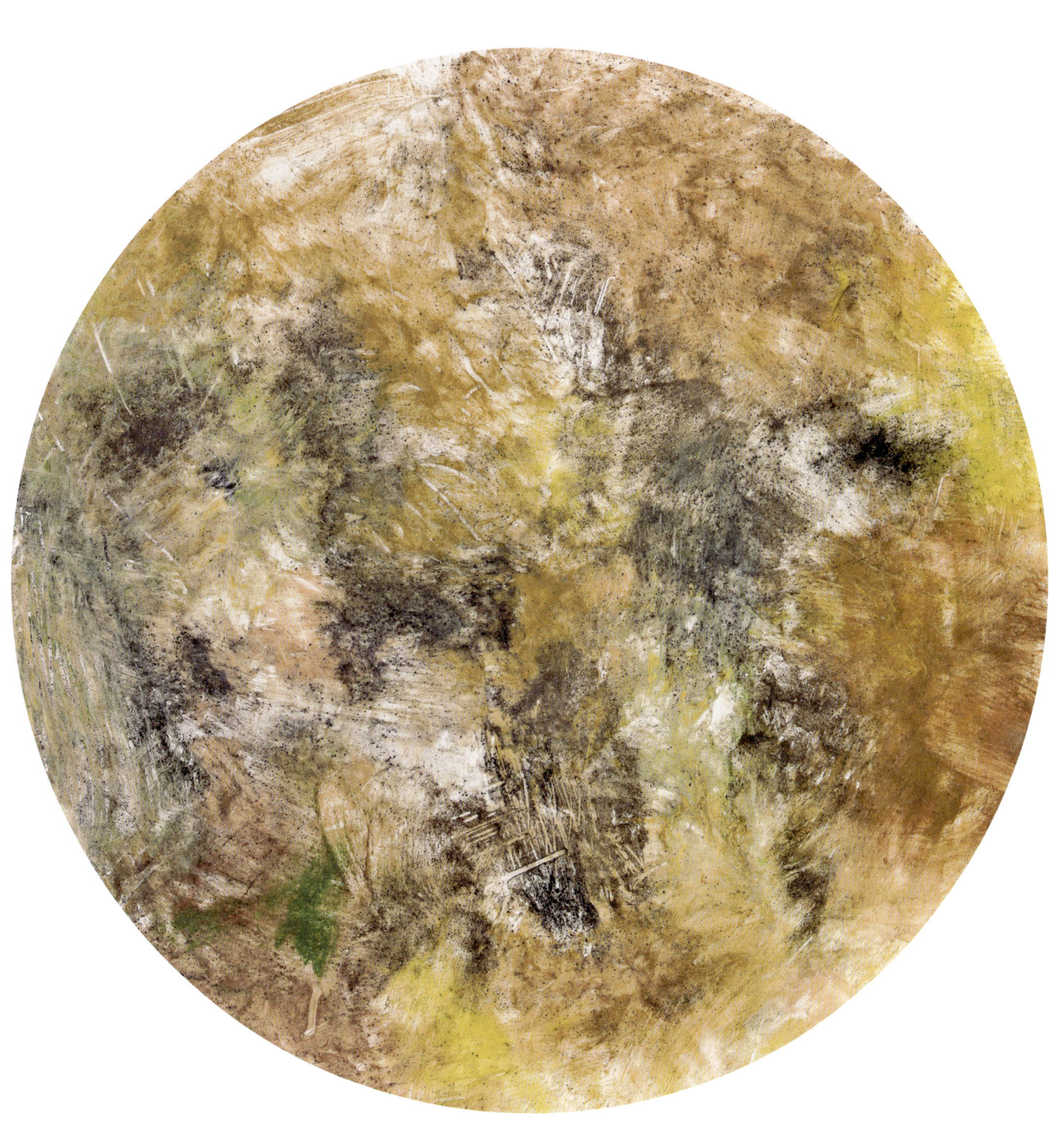

Naphtali 1 נפתלי

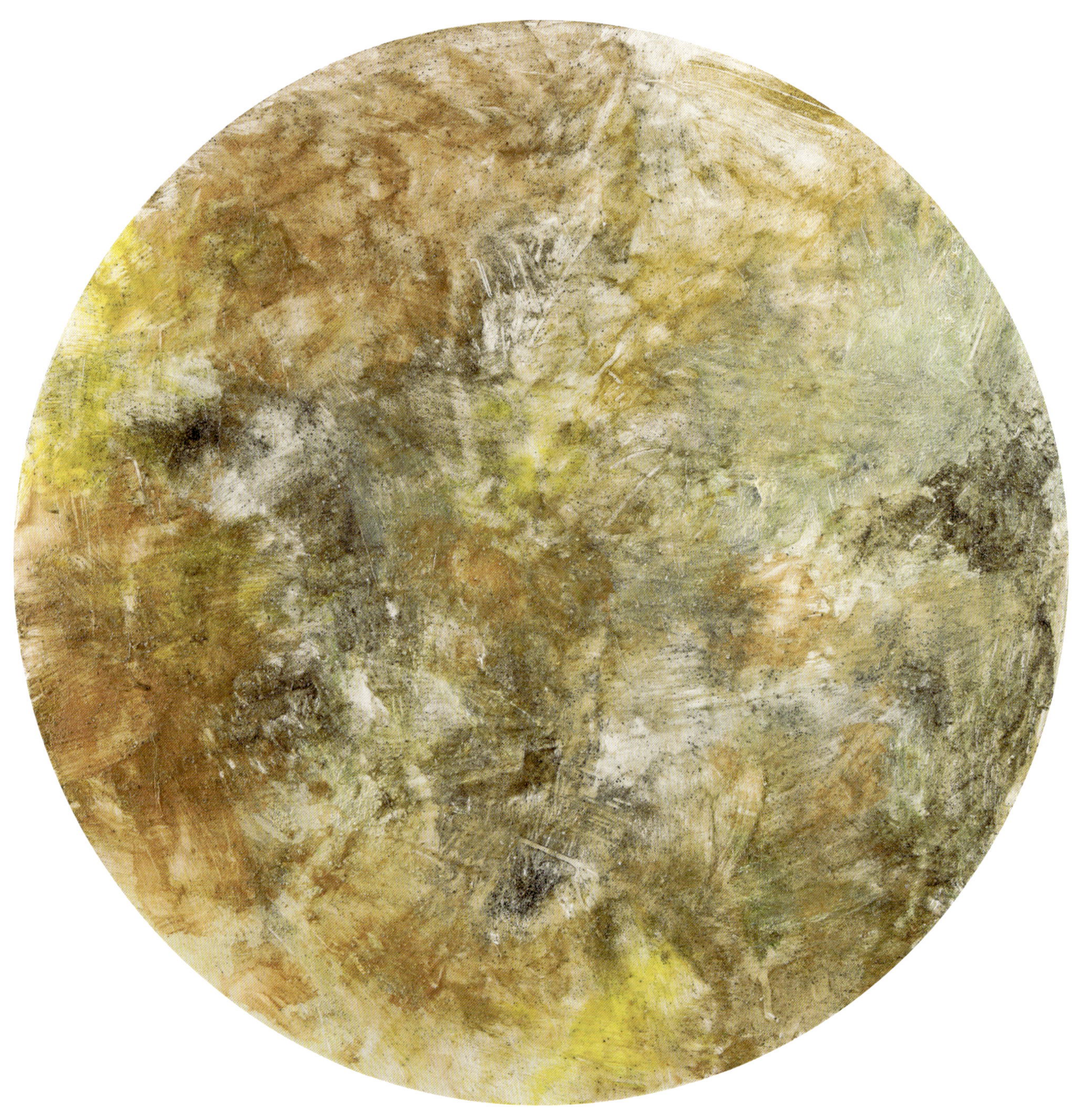

נפתלי 2 Naphtali

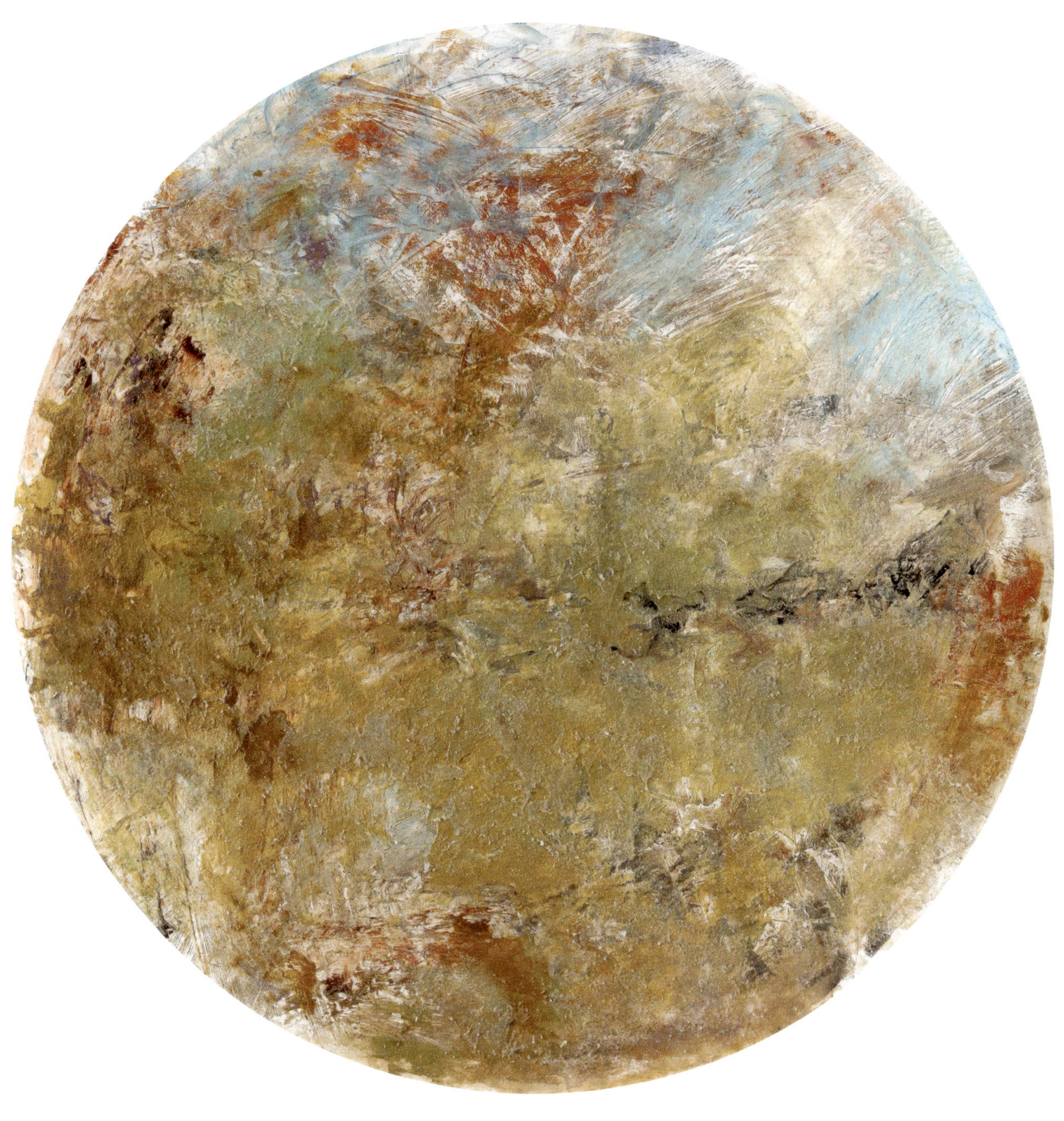

Gad 1 גד

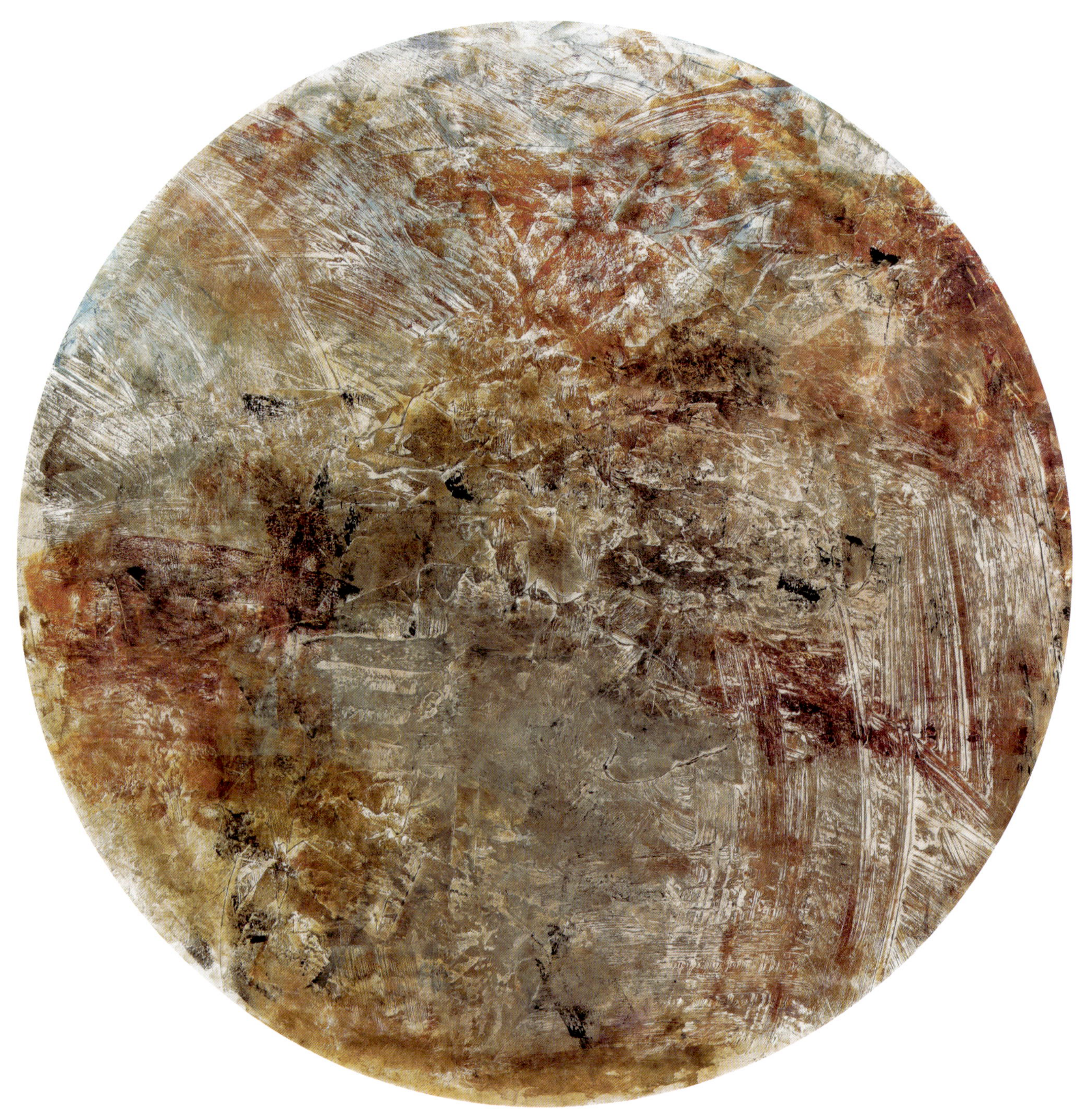

Gad 2 גד

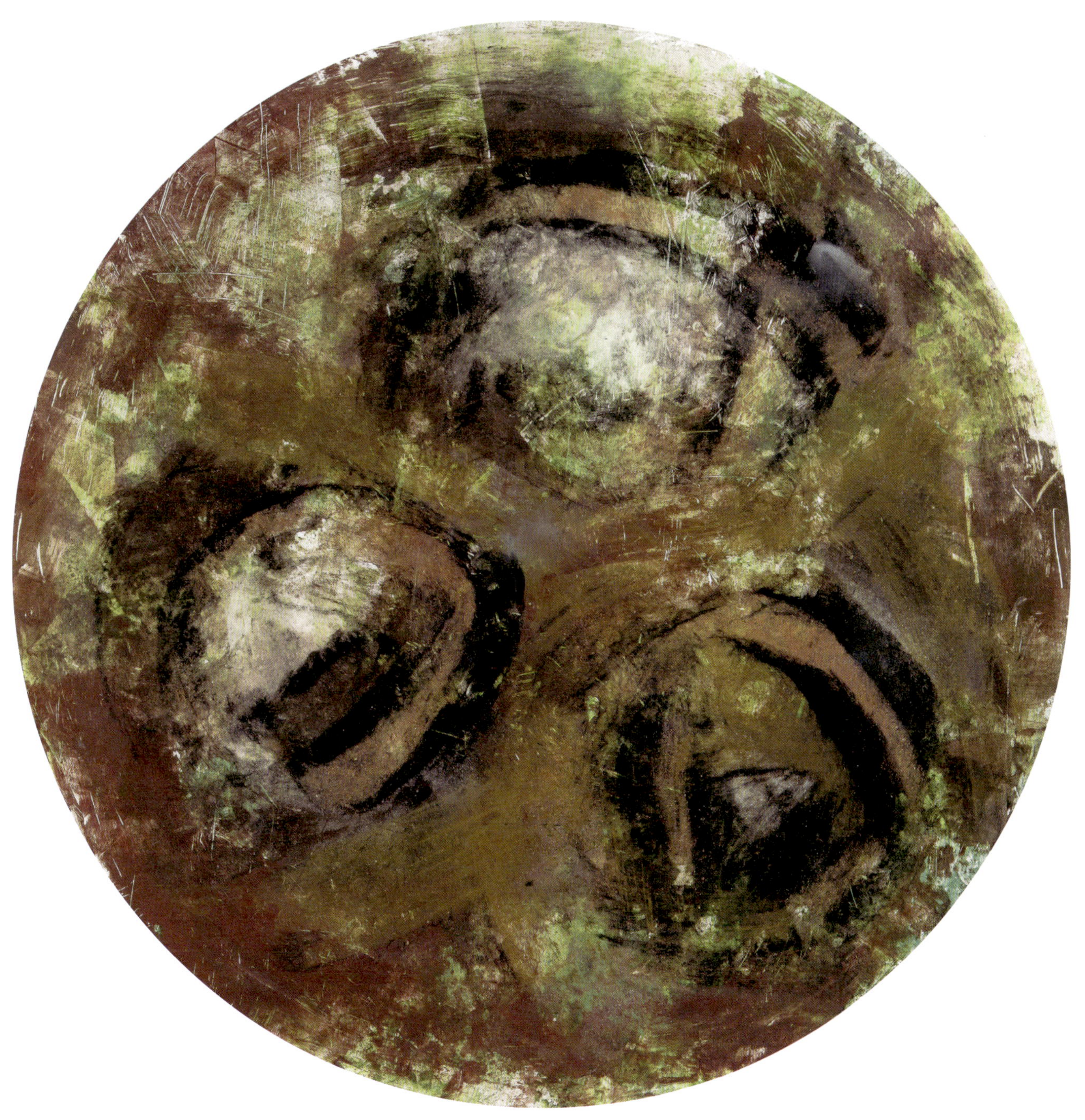

Asher 1 אשר

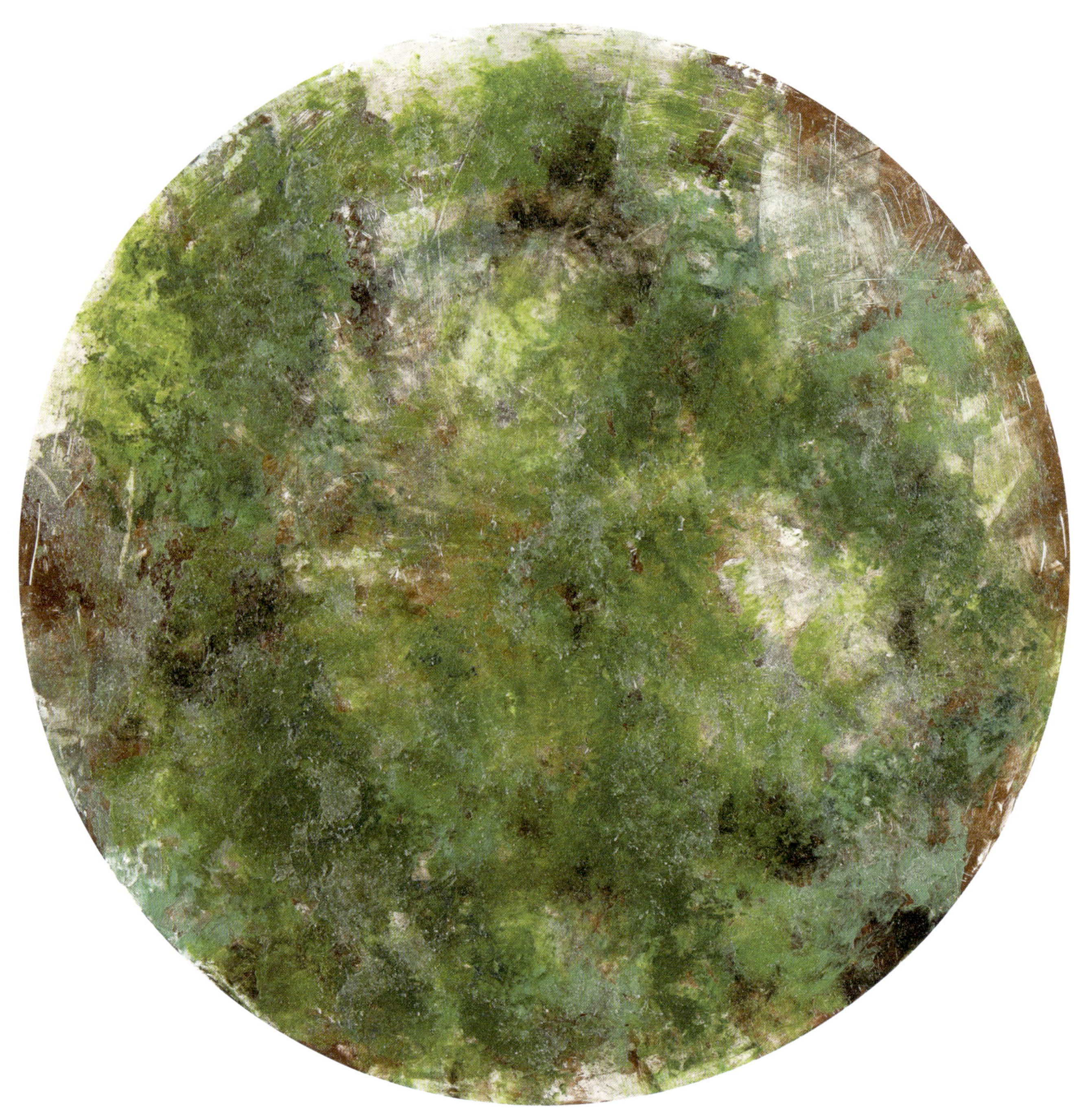

Asher 2 אשר

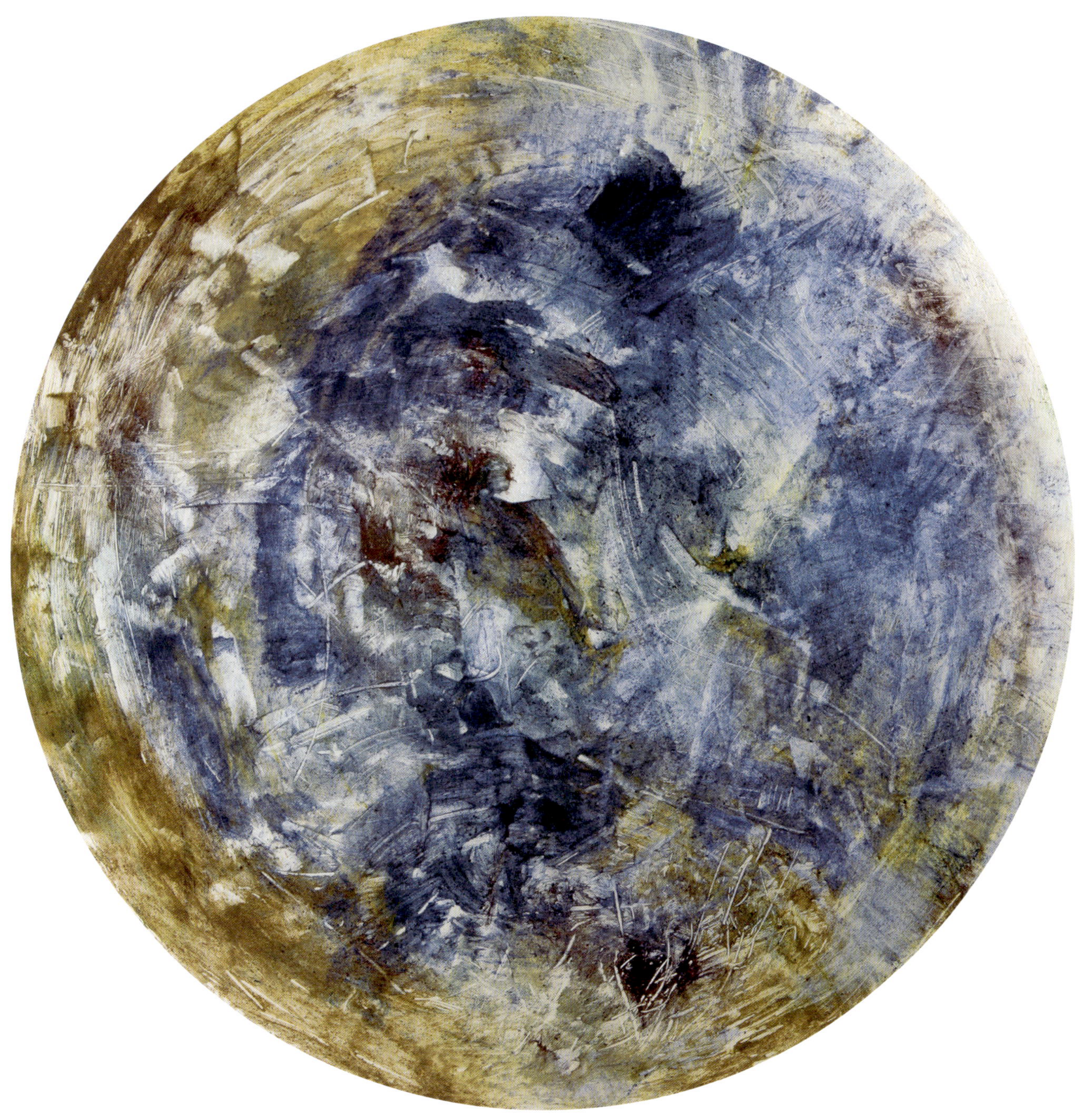

Issachar 1 יששכר

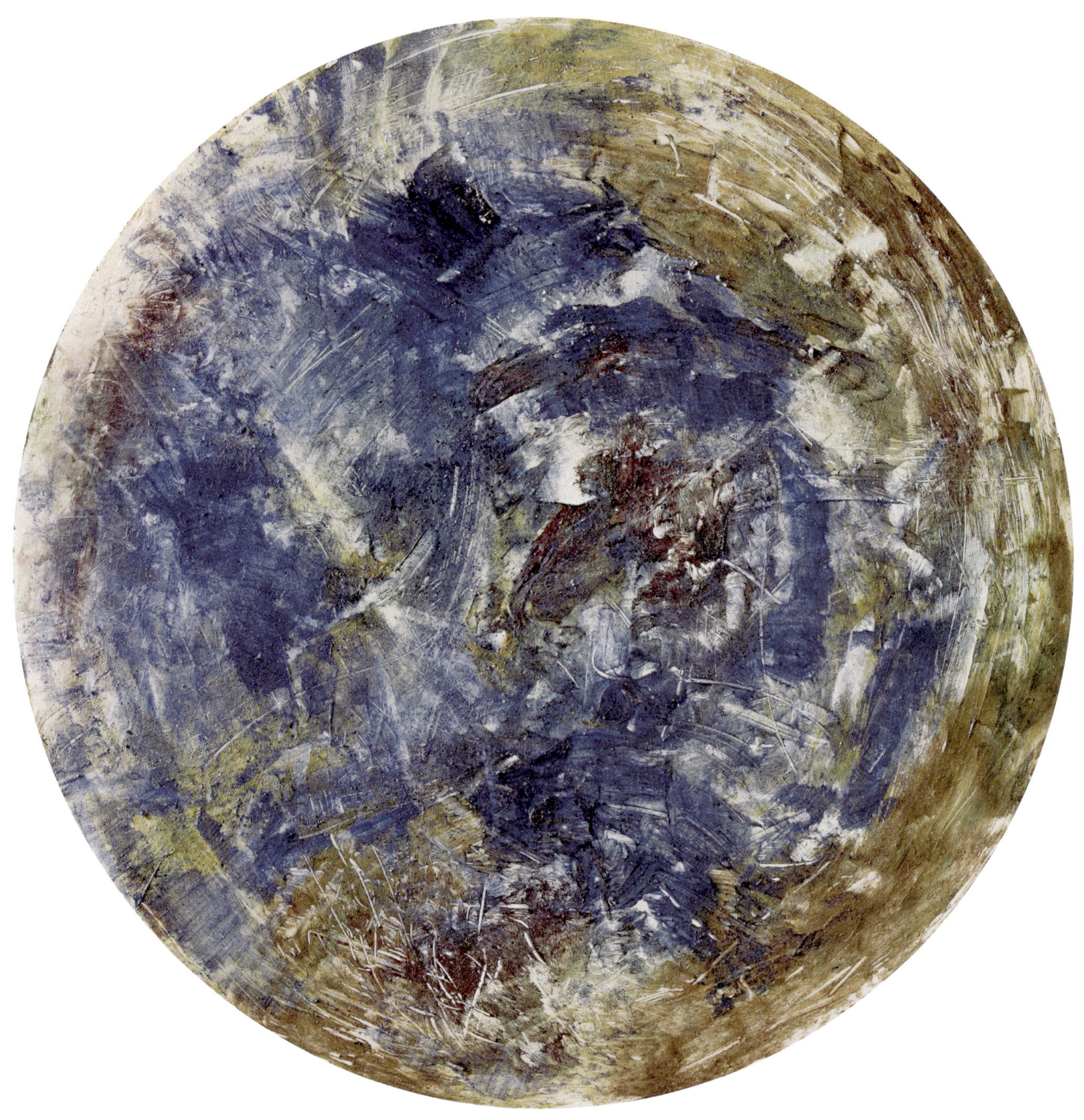

Issachar 2 יששכר

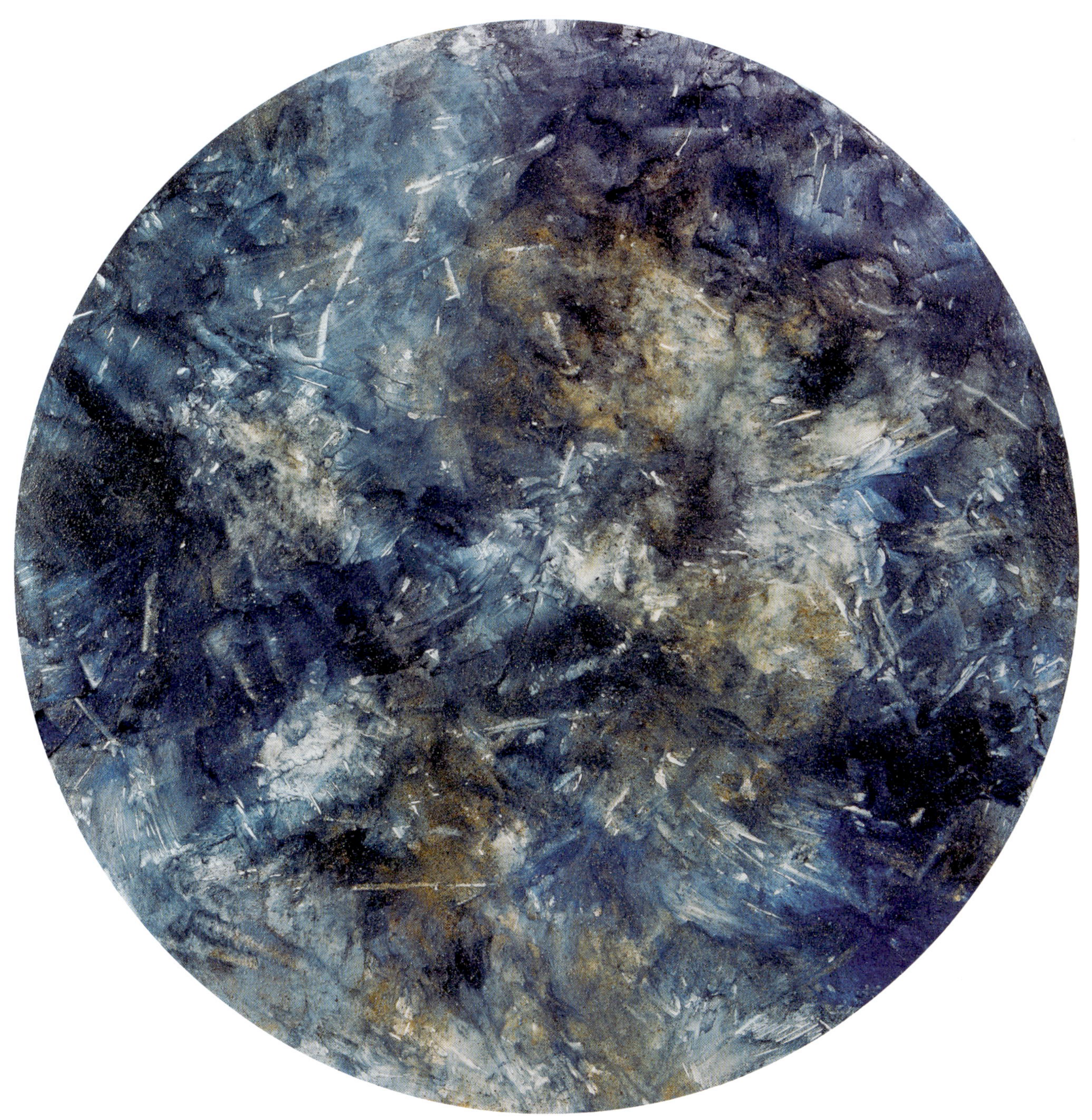

Zebulun 1 זבולון

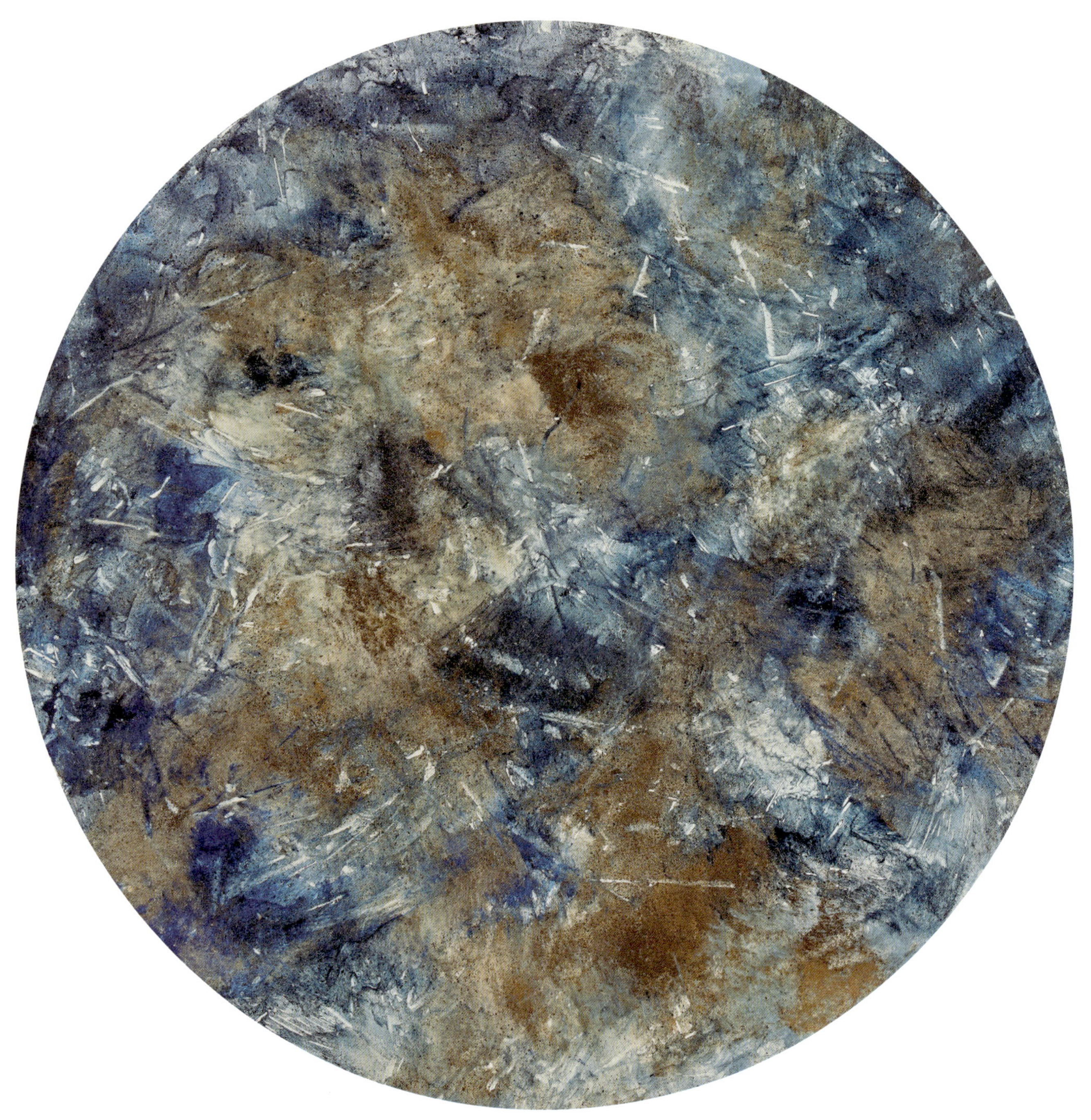

זבולון 2 Zebulun 2

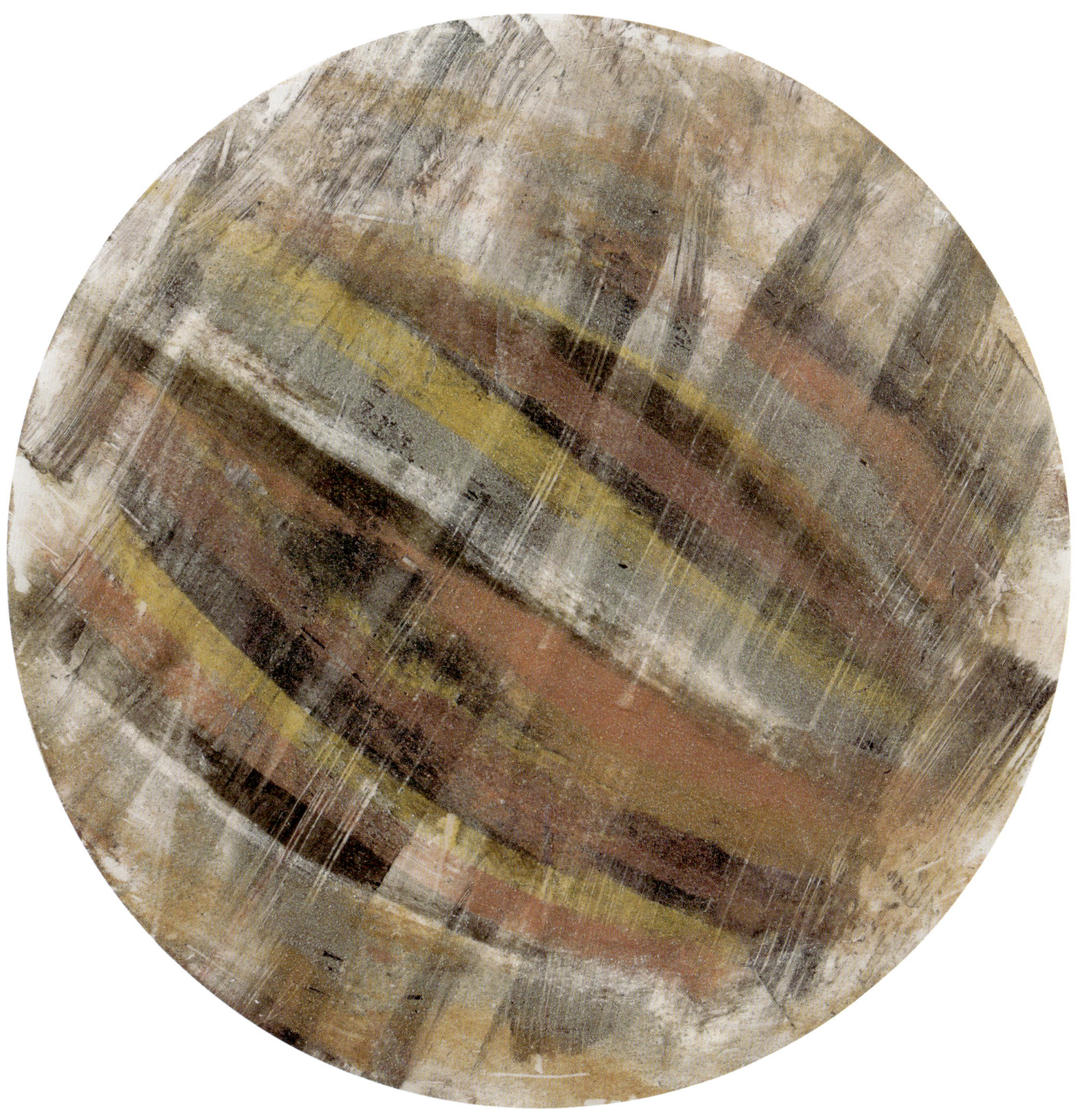

Joseph 1 יוֹסֵף

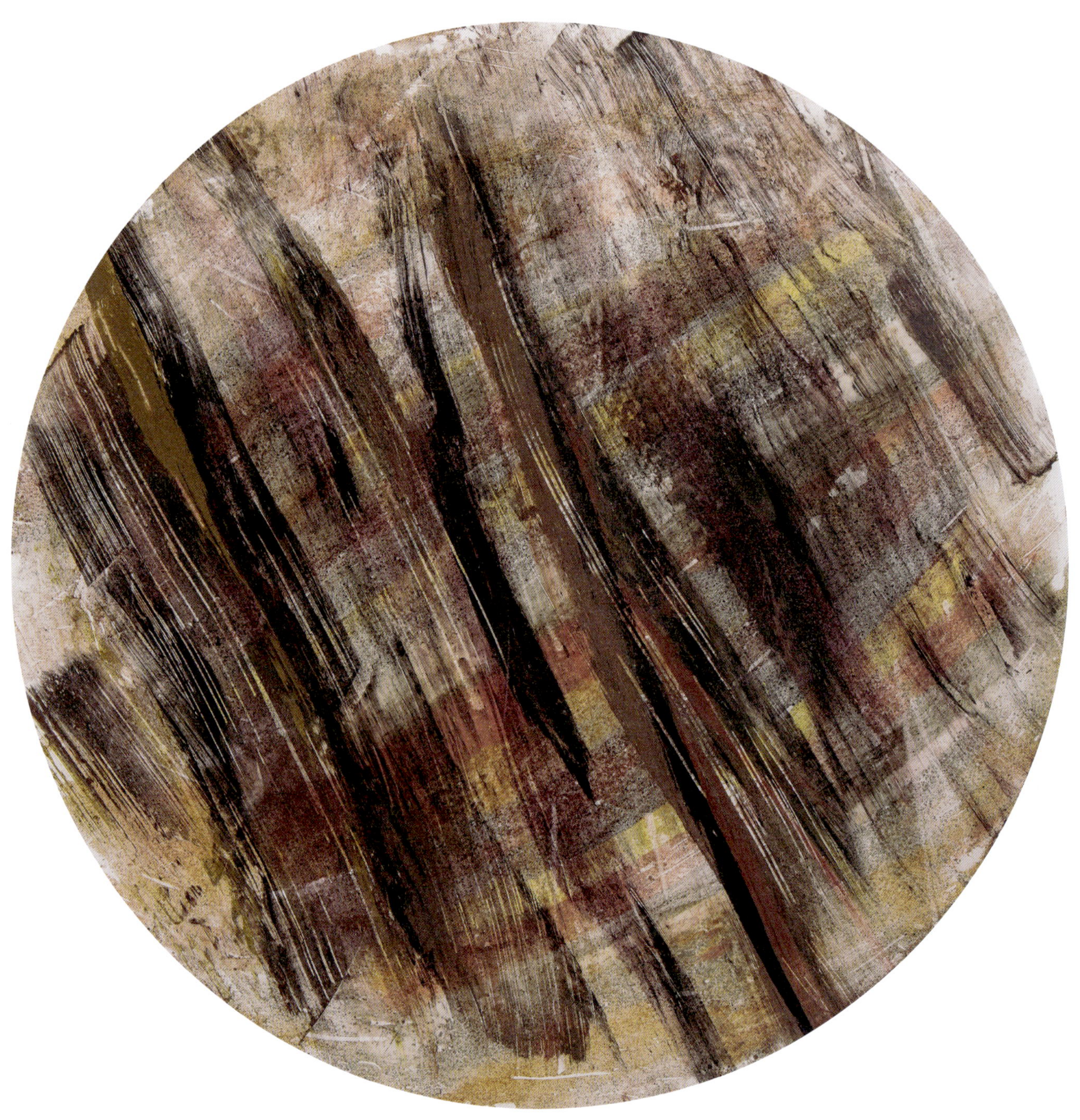

Joseph 2 יוסף

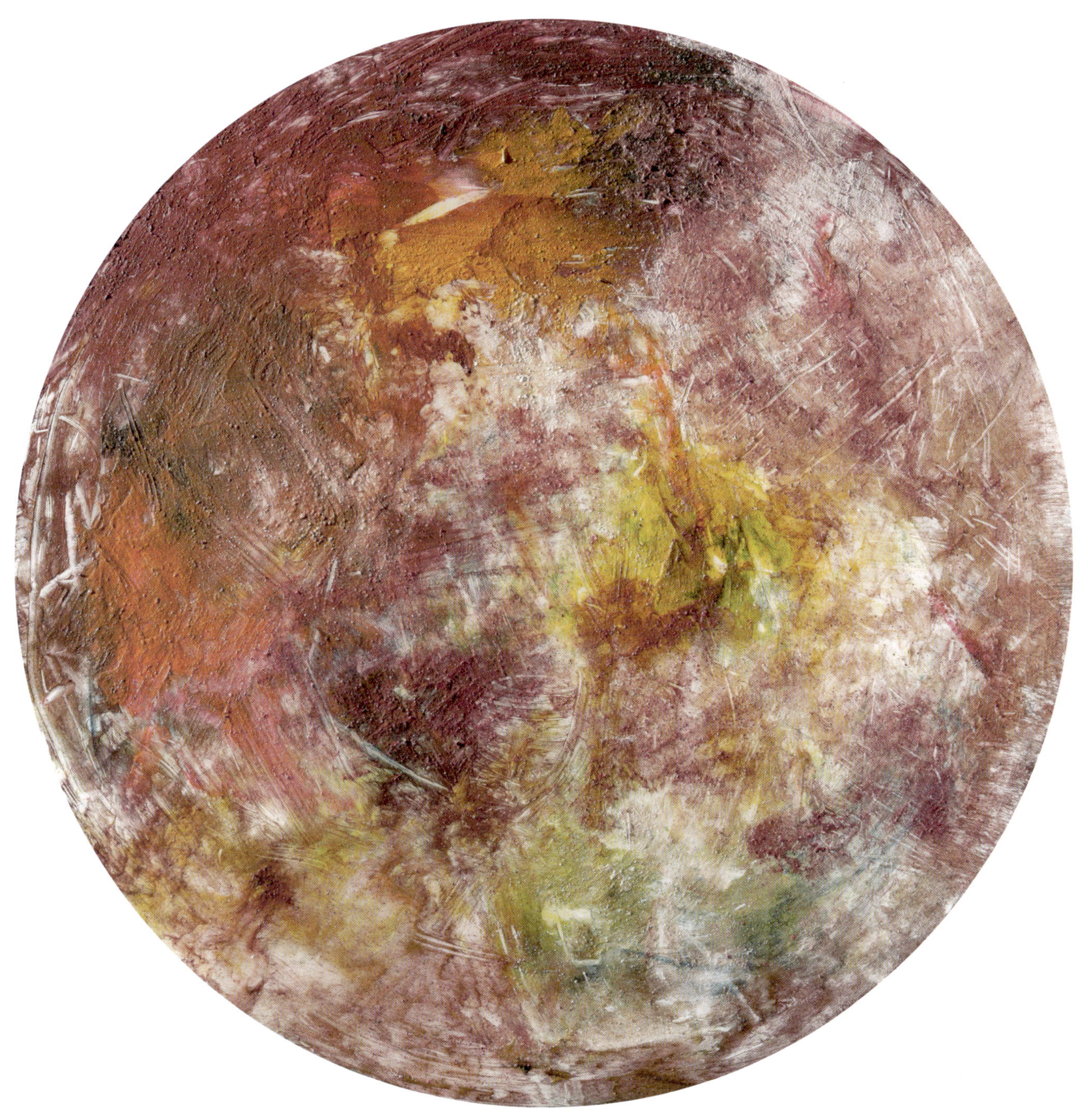

Benjamin 1 בנימין

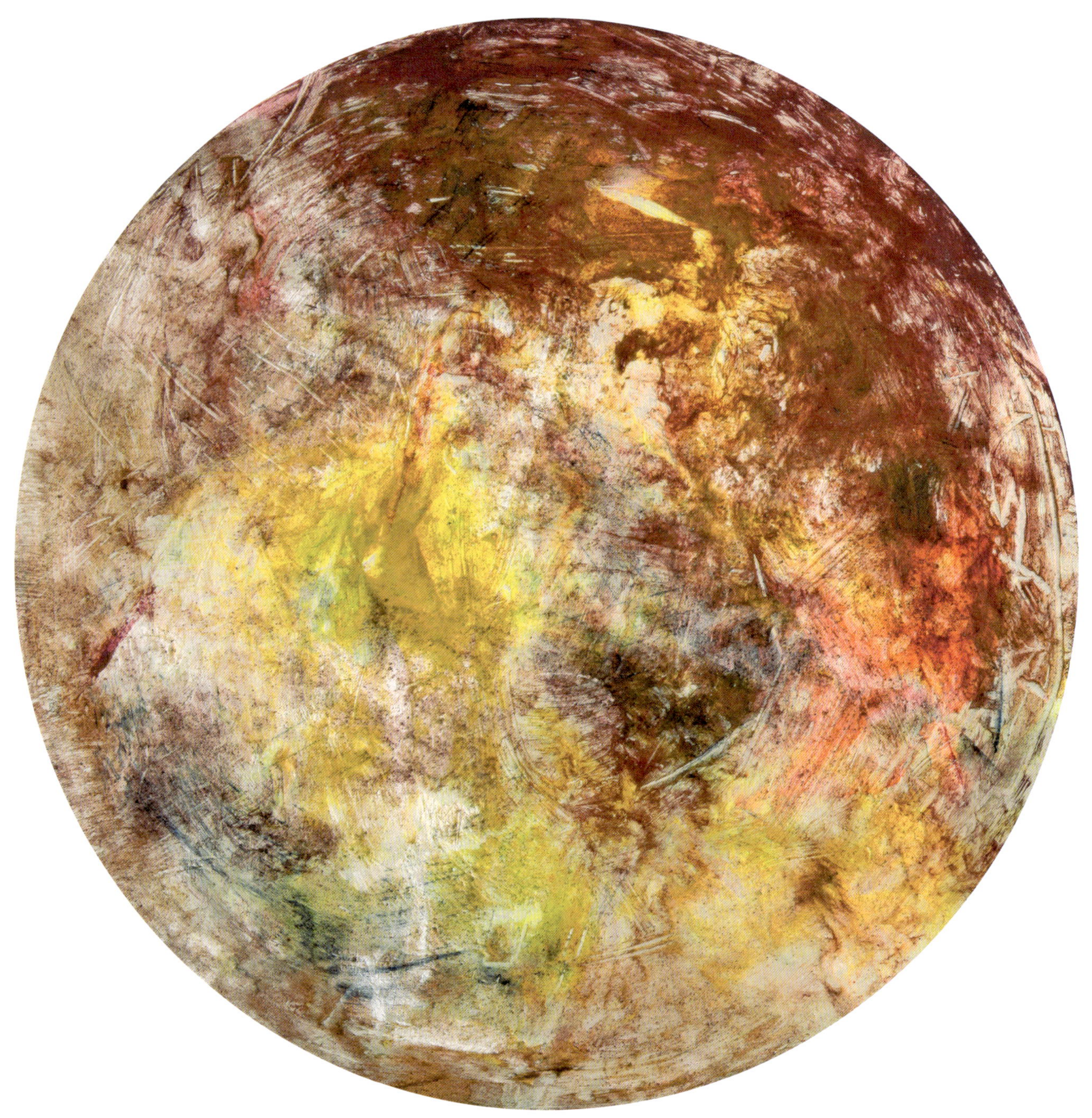

Benjamin 2 בנימין

בעקבות השבטים

2018

מבנה מתכת תלת־ממדי
עם 12 ציורים תלויים בכבל מתכת.
ציורים:
אדמה, אבן, אבנים חצי-יקרות, צבעי שמן
ופסטל מעורבבים בבסיס אקרילי על גבי
פי-וי-סי.
12 עיגולים בקוטר 100 ס"מ כל אחד.
מבנה המתכת:
ריבועים בגודל 133X133 ס"מ כל אחד.
גובה: 400 ס"מ.
רוחב: 325 ס"מ.
אורך: 500 ס"מ.

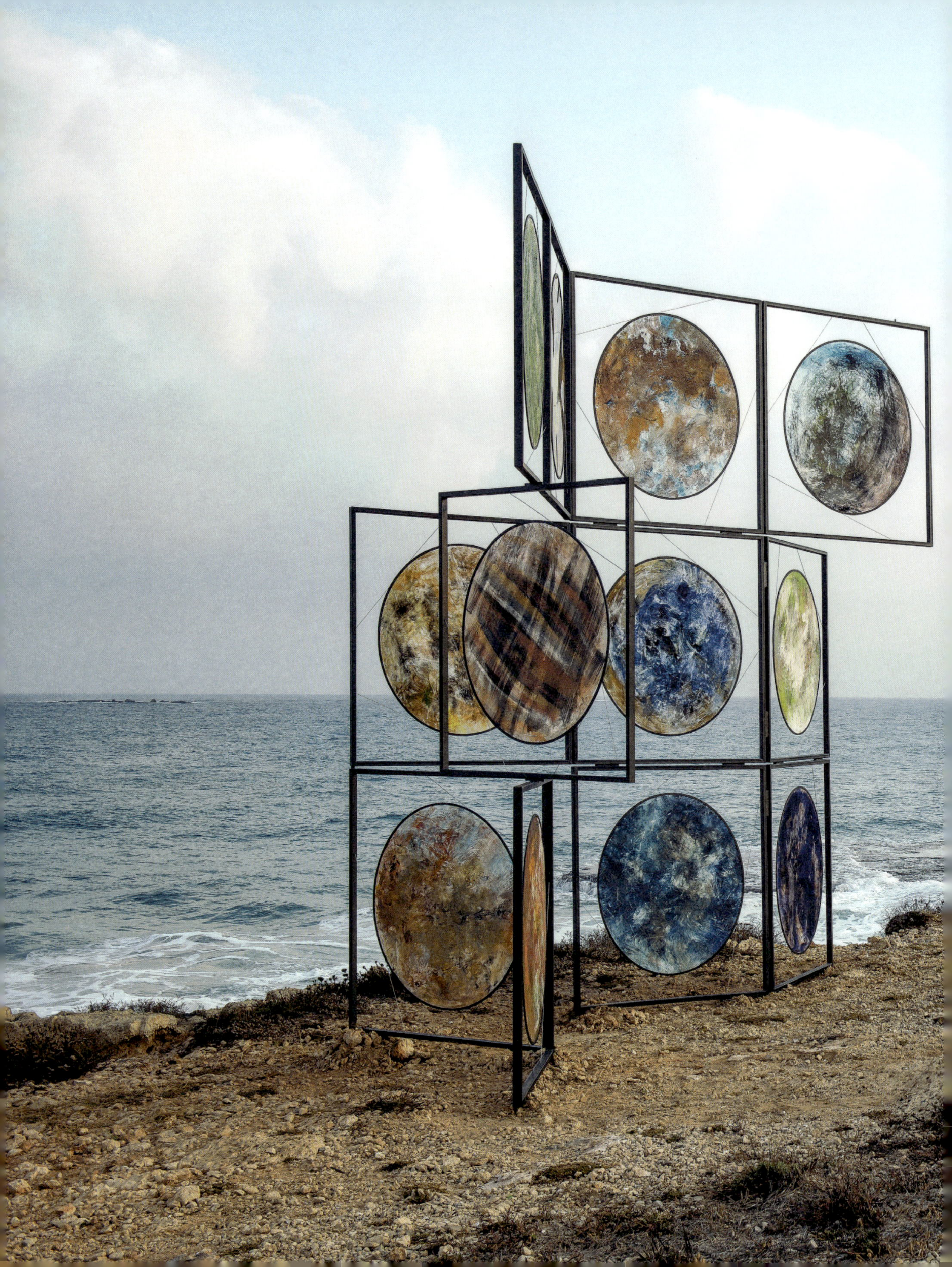

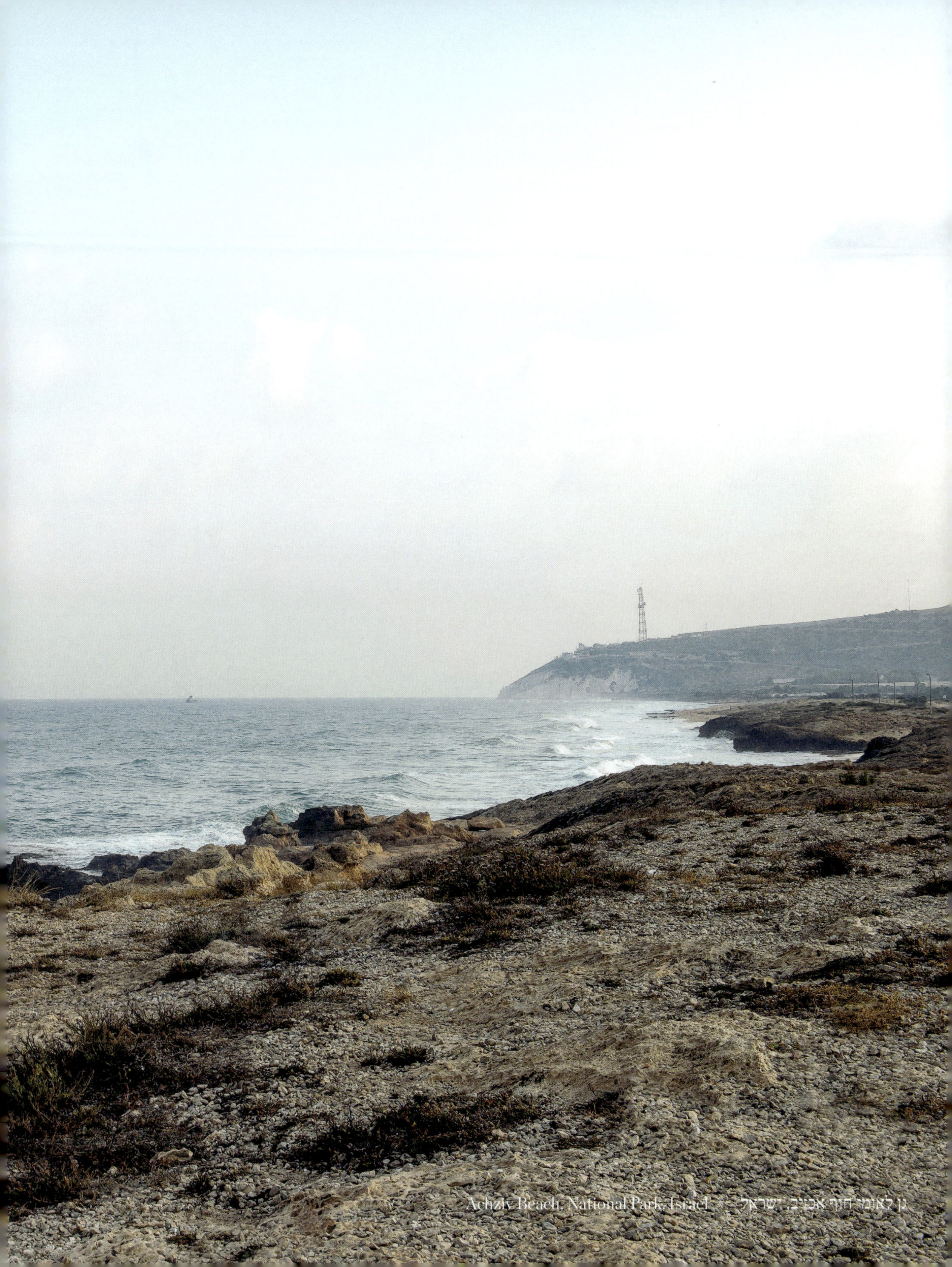

Achziv Beach, National Park, Israel · גן לאומי חוף אכזיב, ישראל

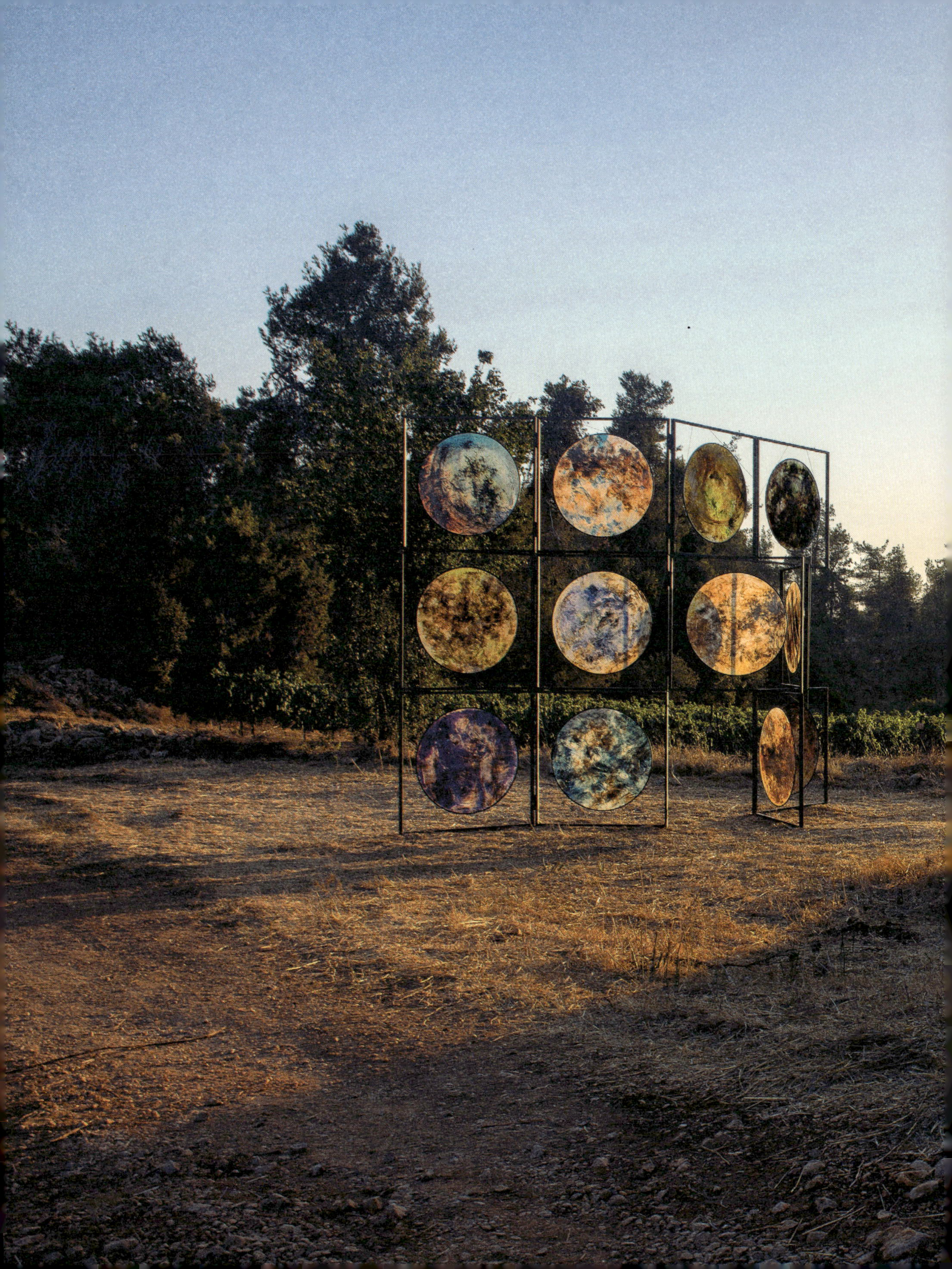

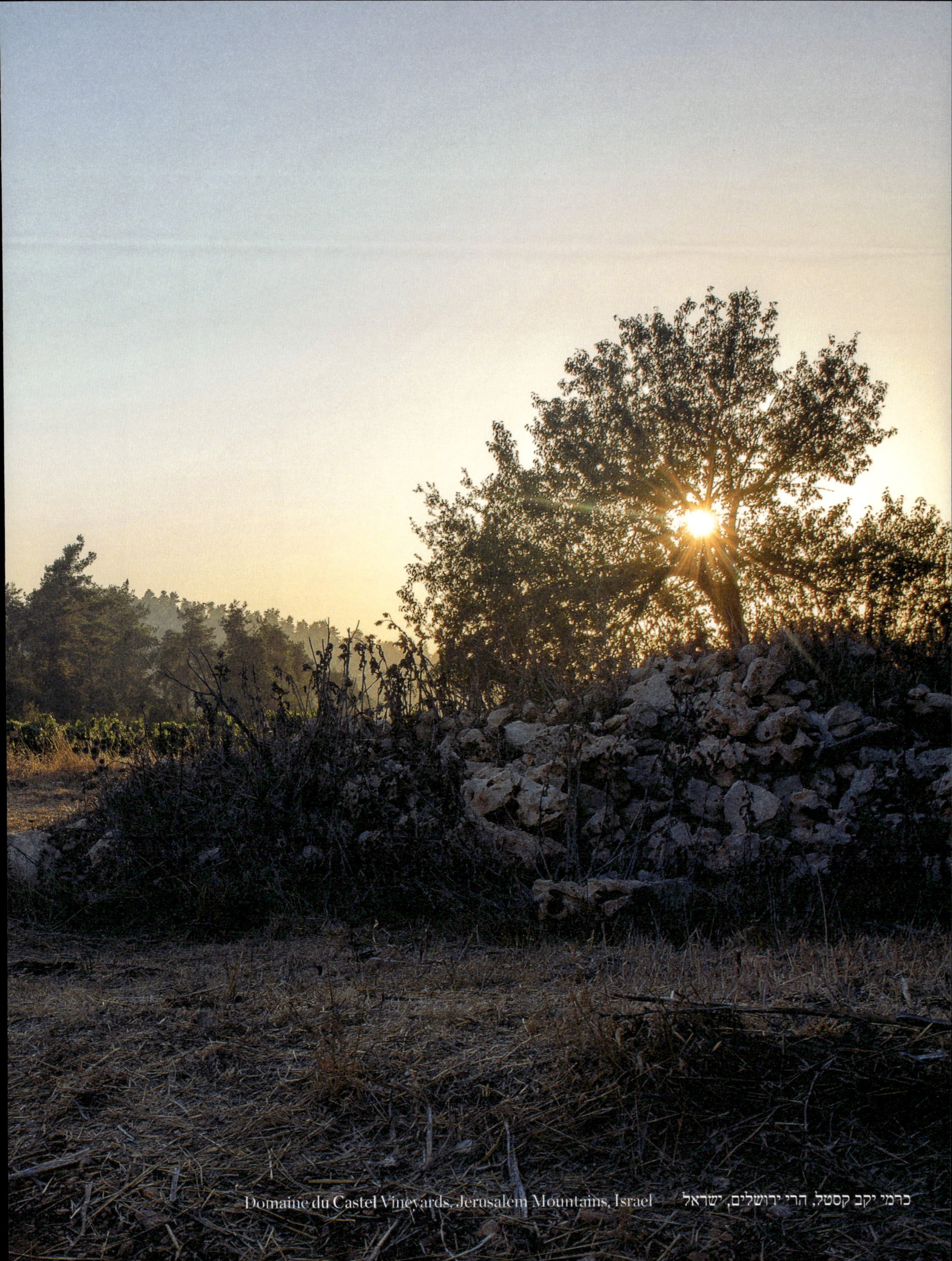

Domaine du Castel Vineyards, Jerusalem Mountains, Israel   כרמי יקב קסטל, הרי ירושלים, ישראל

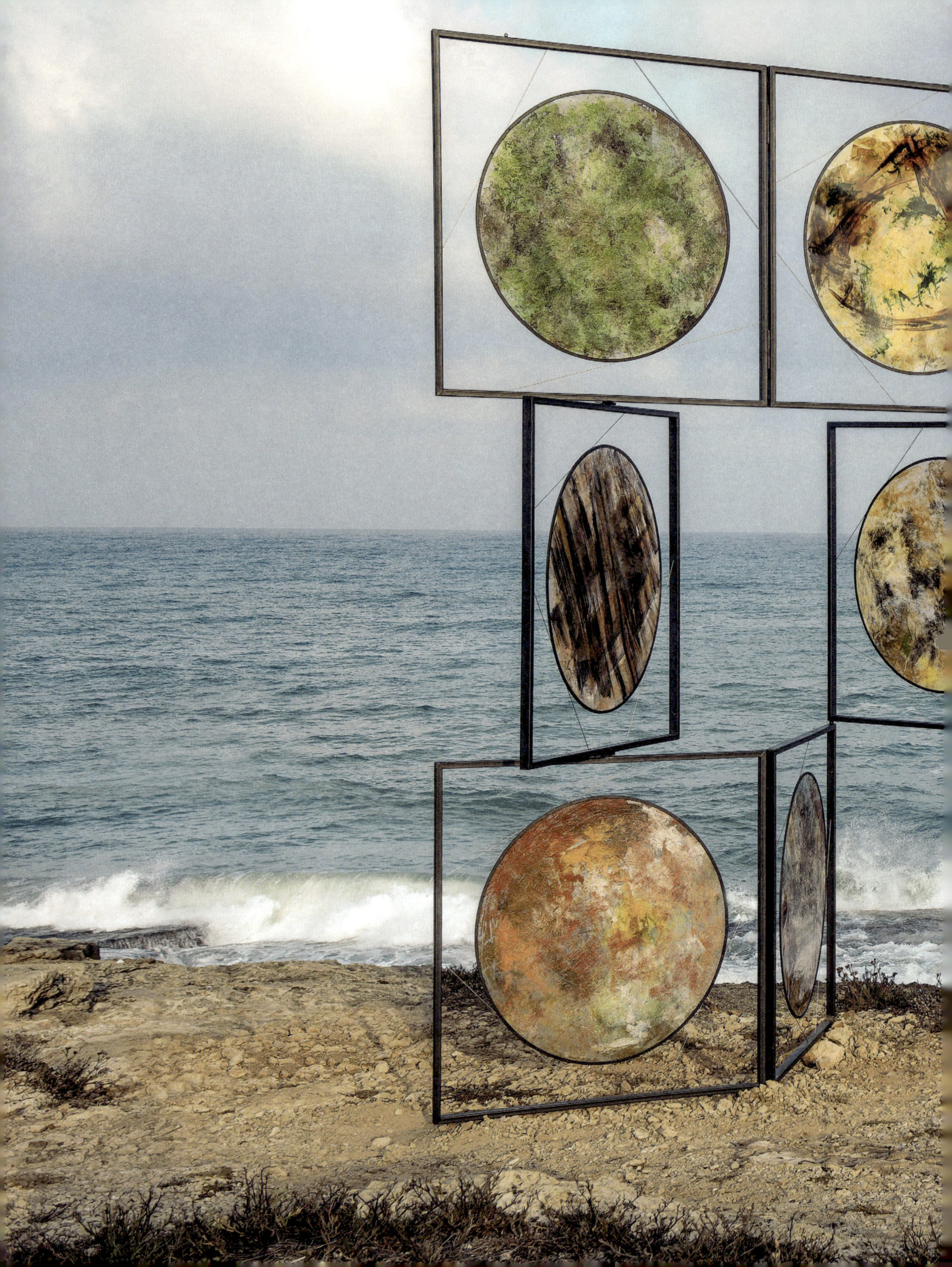

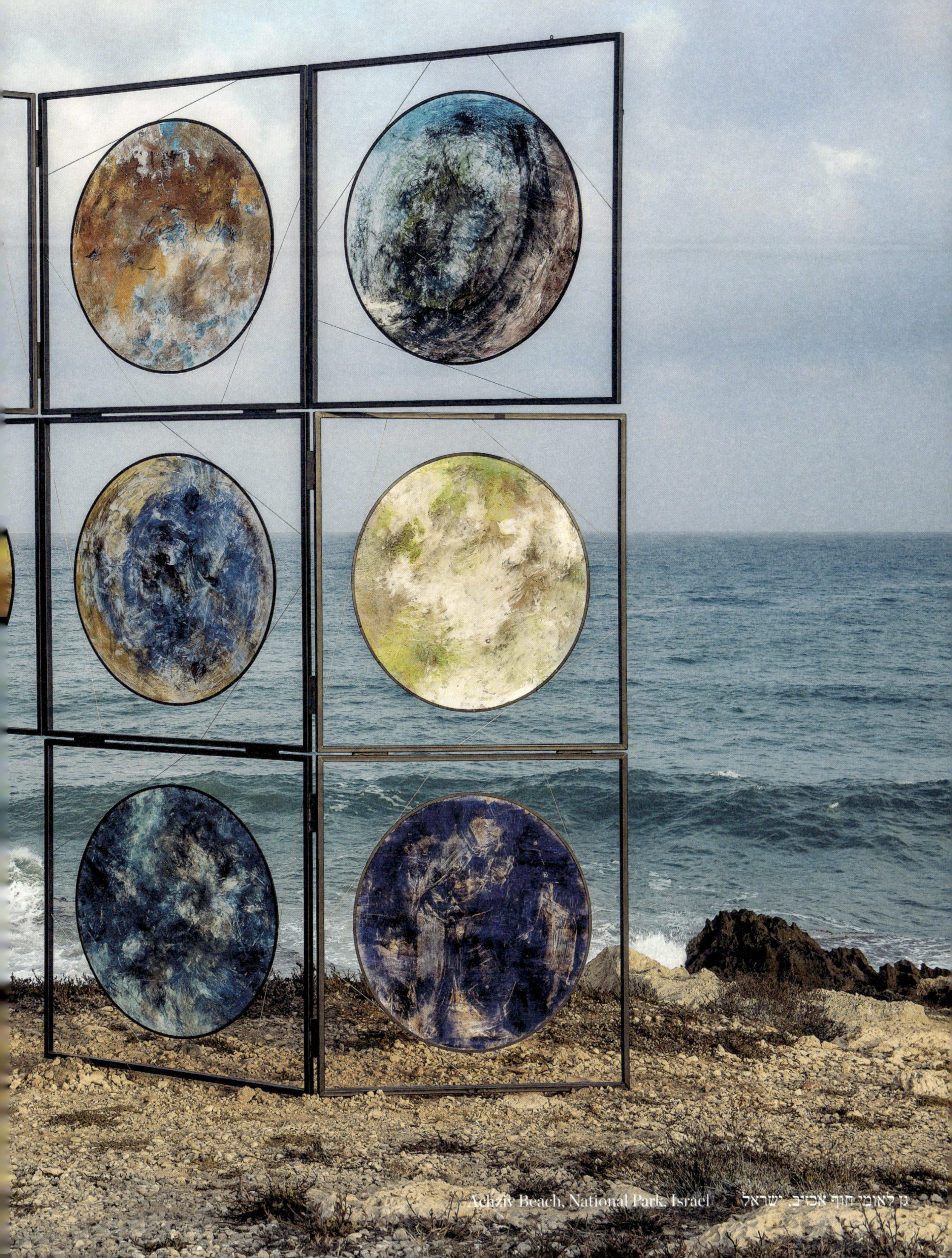

Achziv Beach, National Park, Israel　גן לאומי חוף אכזיב, ישראל

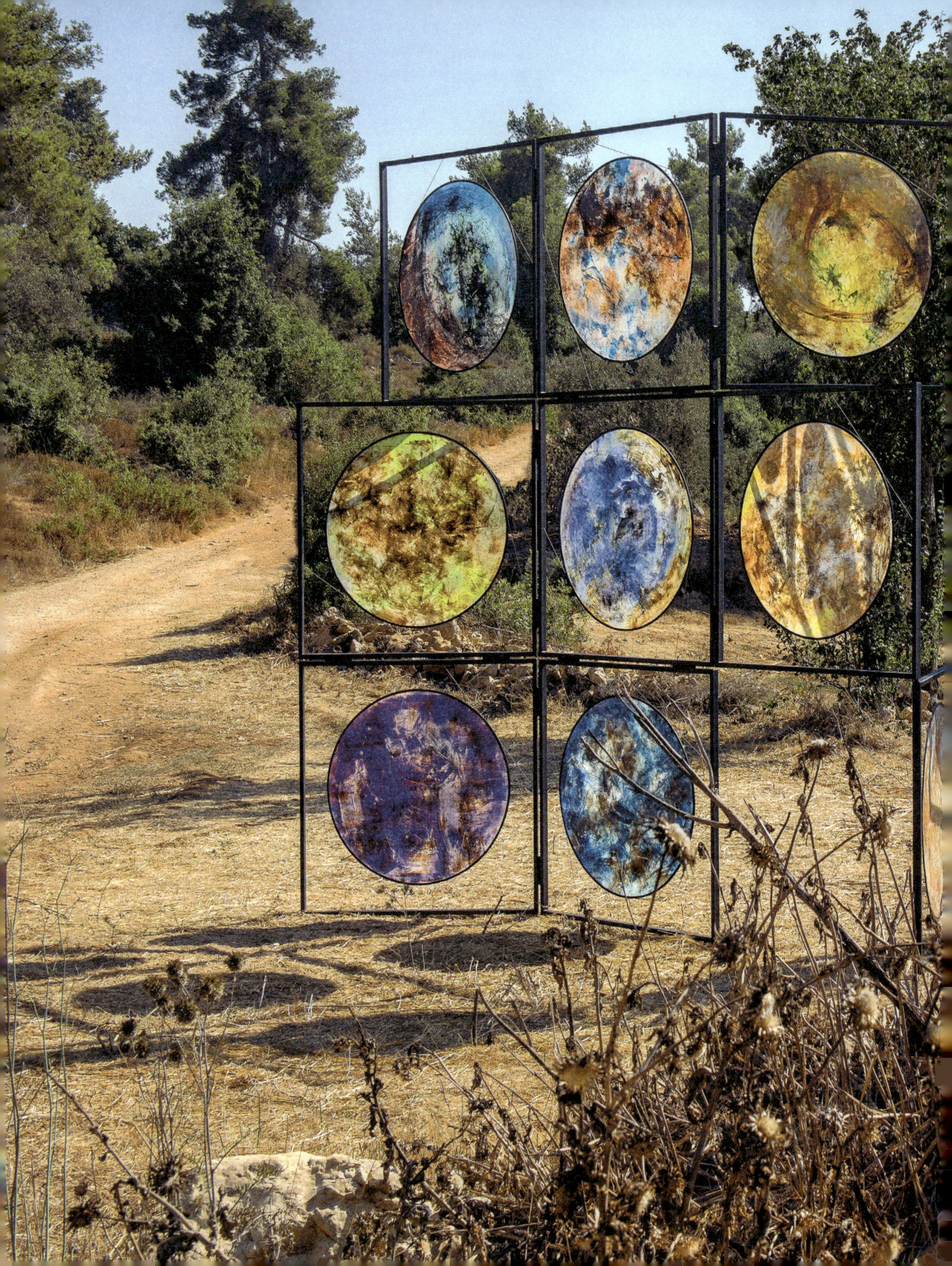

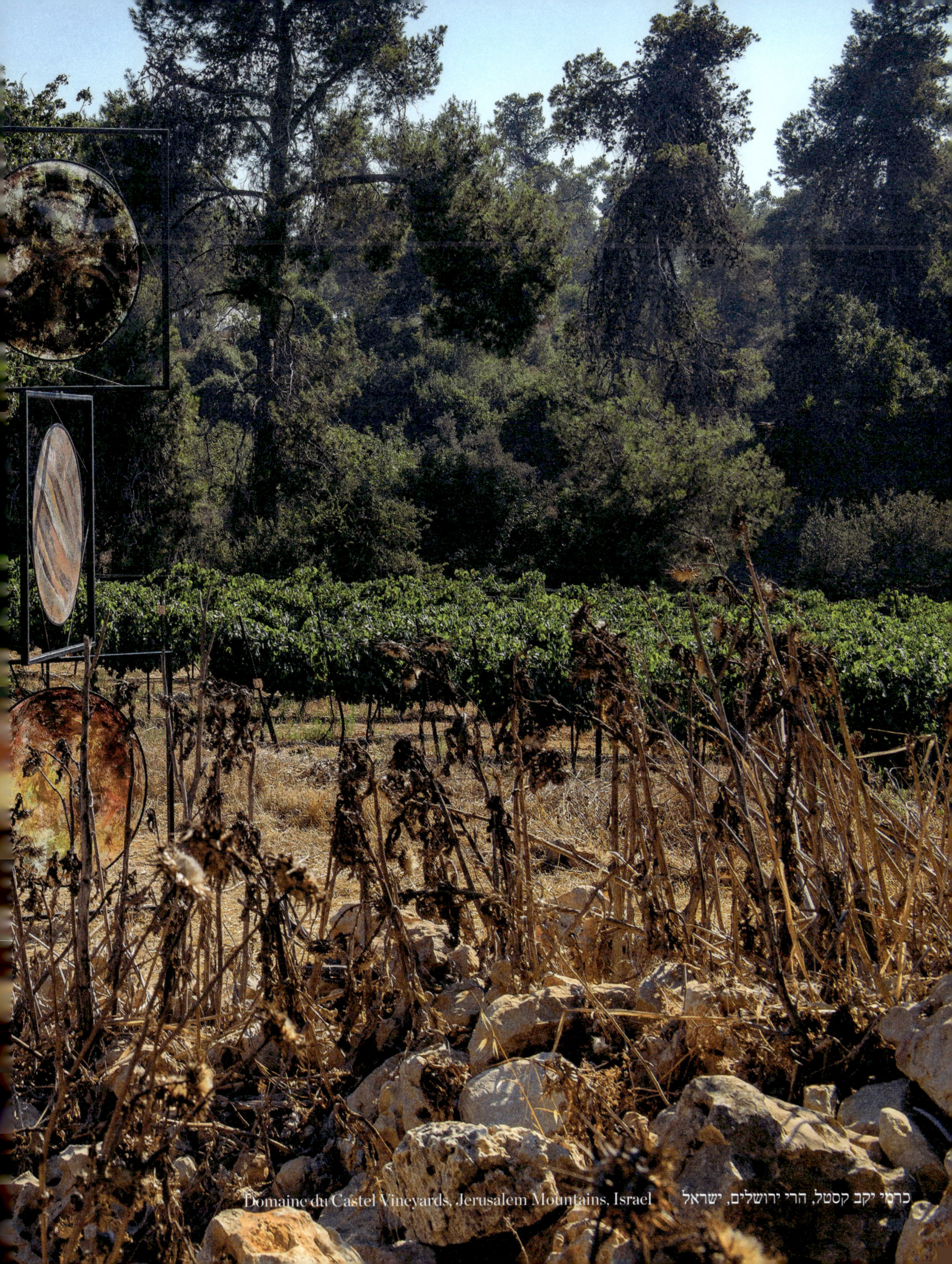

Domaine du Castel Vineyards, Jerusalem Mountains, Israel כרמי יקב קסטל, הרי ירושלים. ישראל

בעקבות הצלחת התערוכה שהצגנו בוונציה אשתקד זכינו לקבל הזמנה נוספת מאיטליה, הפעם לתערוכה במחוז לאציו ברומא. יצירתה של בברלי ברקת ללא ספק מצאה לה קהל נלהב בחלק זה של אירופה, וברצוננו להודות למספר אנשים שסייעו לנו עד כה והפכו את מסענו לאפשרי.

אנו מודים מקרב לב לאוצרת שלנו, ד"ר ג'ורג'ה קאלו, אוצרת ויועצת התרבות של הקהילה היהודית ברומא, על תמיכתה הנלהבת וקידום יצירתה של בברלי ברקת, ועל המקצועיות היוצאת מן הכלל, המצוינות האקדמית ויכולתה להעריך בחדות-עין יצירתיוּת אמנותית.

אנו אסירי תודה לשגריר ישראל ברומא, מר עופר זקס, על תמיכתו בתערוכה 'בעקבות השבטים' שהיא אחד מאירועי חגיגות השבעים להקמת מדינת ישראל. תודה רבה למר אלדד גולן, נספח התרבות, על התכנון וההיישום בפועל של התערוכה, ולוולנטינה פונארו, מזכירת השגרירות, שיעילותה וזריזותה הפכו את שיתוף הפעולה בינינו להנאה צרופה. גם 'קרן התרבות הדו-לאומית איטליה ישראל לתרבות ואמנות' והמנהלת שלה אניטה פרידמן ראויות לתודתנו הכנה.

ברצוננו להביע את הערכתנו לאדית גבריאלי, מנהלת אגף המוזיאונים של מחוז לאציו, על שהעמידה לרשותנו את החללים היפים של מוזיאון 'בונקומפאני לודוביסי', ולמתילדה אמטורו, מנהלת מוזיאון 'בונקומפאני לודוביסי' וצוות המוזיאון שלה.

היה לנו גם העונג לעבוד עם ד"ר רפאלה פרסקרלי שרתה מקרן נומאס, וברצוננו להודות לה על על תמיכתה הרבה בפרויקט.

תודה מיוחדת מקרב לב ליובל תלם, חרש הברזל שלנו, שאפשר ליצוק את חזון האמנית בברזל, בדמותו של המיצב שהוכן במיוחד עבור התערוכה.

שיתוף הפעולה המתמשך שלנו עם סטודיו מיכה וידמן בלונדון שוב הניב תוצאות נהדרות. ברצוננו להודות למיכה וידמן המנהל וליוראטה גצ'יוניטה, על הבנתם המעמיקה את השפה החזותית של בברלי ברקת ותרגומה הנכון והמדויק לשפה הגרפית המתאימה.

המוציאים לאור שלנו, מרטינה מיאן וצוותה מבית ההוצאה לאור 'מרסיליו', ראויים לתודה מיוחדת על שהעניקו לתערוכה פרסומים עדכניים התומכים ביצירות האמנות ובסיפורן הייחודי.

ברצוננו להודות לצוות התקשורת שלנו: אלנה פרדיני, מארה סרטורה, תרזה סרטורה וצוות 'לייטבוקס' באיטליה, וליעל לוטן וצוות 'לוטן תקשורת' ולקרוליין שפירו בישראל, על הדבקות במטרה והיצירתיות הרבה שהפגינו בהצגת הפרויקט וקידומו ברמה המקומית והבינלאומית כאחת.

ברצוננו להודות גם לתור בן מיור, דניאל בן מיור ומני אליאס על שהשכילו לשרטט על סרט הצילום דיוקן אמנותי רגיש, כפי שרק מיטב הבמאים מסוגלים לעשות.

תודה גם לד"ר שמואל רוקח, היסטוריון ואיש אקדמיה יוצא מן הכלל שבחן את הקשר בין שנים עשר השבטים לבין השפה האמנותית של ברקת, והעשיר את הקטלוג בזווית היסטורית מרתקת.

אנו אסירי תודה לורטיבר ג'קליאן, אדריכל וצלם, על תרומתו ותובנותיו, לצד צילומיו היפים להפליא שצולמו במוזיאון. ברצוננו להודות גם לצלם שלנו, מיכאל עמר, על הצילומים המרהיבים שצולמו בישראל. אנה מריה קובאץ', עם יכולתה ונכונותה להתמודד במהירות וביעילות עם מטלות שונות, הייתה שותפה מועילה ביותר בפרויקט.

ואחרון חביב, תודתנו הכנה לצוות המשרד שלנו בישראל, בעיקר לאיתמר ברהום וורד טלמון; ליועצים המשפטיים שלנו בישראל נרדה בן־צבי וחנה טאובר; לחברת המשלוחים שלנו 'עמית שילוח בינלאומי ולוגיסטיקה' ובעיקר למנהל החברה אמיר שני; לחברת התרגומים שלנו במילאנו; לעורך התרגום לעברית נחום אבניאל בישראל; לצוות ההקמה שלנו ברומא ולכל בני המשפחה והחברים שבדרך זו או אחרת היו שותפים לחזון ותמכו בנו – תודה לכם!

מיה דורה פרבאן
מנהלת הפרויקט

בנימין הוא בנה של רחל והצעיר בבני יעקב. נחלתו כוללת את הגבעות מצפון לירושלים. שאול, מלך ישראל הראשון, היה משבט זה. אבן החושן של בנימין היא הישפה (jasper) בצבע ורוד עז. בשילוב האבן הירושלמית היא יוצרת דירוג צבעים נפלא של לבן ורוד. בעבורי ציור זה הוא הצ'קרה של ירושלים, והוא מציג את אנרגיית החיים של השבט, את כוחו וגבריותו.

יוסף גם הוא בנה של רחל, ואבן החושן שלו היא השוהם (onyx). הוא לא ירש נחלה בפני עצמו, אלא נחלתו נמסרה לבניו, **אפרים ומנשה**. אף על פי כן, שמו הוא המופיע על החושן של הכוהן הגדול. בהיותו בנו האהוב של יעקב, היה יוסף מושא לקנאתם של אחיו שמכרו אותו לעבדות במצרים. הציור מגלה את הקשר הניגודי הזה, שקושר אותו לשאר אחיו ובאותה עת מפריד אותו מהם. הקווים החוצים, המייצגים את ילדיו, מדמים את אריגת הבד שתי וערב ומזכירים את כתונת הפסים המגואלת בדם. אחיו של יוסף הביאו אותה ליעקב, כדי שיאמין לסיפורם כי הוא נטרף על ידי חיה רעה. הקווים מצוירים בשני צבעים, האחד עשוי משוהם והשני תערובת של כל צבעי השבטים.

אבן החושן של **אשר** היא התרשיש (aquamarine). אשר היה בנה של זֵלפה, שפחתה של לאה, ונחלתו השתרעה לחופי הים התיכון מהר הכרמל ועד נהר הליטני. זו הייתה אחת הנחלות העשירות והפוריות ביותר בישראל, והיא סיפקה שמן זית לשאר השבטים בעתות מחסור. בחרתי לייצג באמצעות אשר את יסודות האדמה. בציור זה יש הבדל גדול בין שני הצדדים: מצד אחד מוצג השפע שבצמחייה העשירה, ומצד שני משיחות המכחול המעגליות רומזות לטבעות הצמיחה של העצים. כך מוצג הנוף החיצוני והפנימי של העץ – הן צדו הנסתר והן צדו הגלוי.

דן הוא בנה של בלהה, שפחתה של רחל. אבן החושן שלו היא הלשם (אותה פירשתי כאבן citrine). גם הציור שלו מציג הבדל מהותי בין הצד הקדמי לזה האחורי. צד אחד מתאפיין בעבודת מכחול דינמית ונועזת המזכירה את מסעותיו ושליטתו בחרב. זוהי דרכי להציג את סיפורו של שבט שהצליח לכבוש נחלה פורייה בכוח הזרוע. כפילות זו מעידה על תנועתיות הקרב ועל אהבת האדמה. בשל להט הקרב שלו, קישרתי את שבט דן ליסוד האש.

גם **גד** הוא בנה של זלפה. אבן החושן שלו היא האחלמה (שהתקשרה אצלי לאבן המכונה amethyst). שבטו חי בעבר הירדן המזרחי, ועריו היו ערי מקלט לחוטאים ולחולים. נחלתו של השבט הייתה גם עירונית וגם כפרית. אנשיו היו רועי צאן מצוינים וגם לוחמים נועזים. גם כאן, לציור צד אחד מרוכך ומעודן יותר ולעומתו צד נגדי המזכיר את הכוח והתוקפנות, הן בצבעים והן במשיחות המכחול הדינמיות.

נפתלי הוא בנה של בלהה. אבן החושן שלו היא השבו (שאותה קישרתי לאבן הנקראת agate). שבטו שוכן באדמות המוריקות היפות המתעלות אל הרי סלעים געשיים. הסמל על דגלו הוא האיילה המייצגת מהירות וזריזות אך גם משהו מן העדינות והנשיות, ואכן בתקופה מסוימת השבט הונהג על ידי דבורה הנביאה שגילמה תכונות אלו. היא ניחנה בחוזק של לוחם וברגישות של אישה. גם כאן ניסיתי להציג ולסכם את כל היסודות הללו בעזרת צבע ומשיחות מכחול.

לגבי כותרת התערוכה, יש בה שני רבדים. בראשית הפרויקט עסקתי בלמידה ובמחקר מעמיקים על אודות סיפורי השבטים. ניסיתי להתחקות אחריהם, אחר העקבות והמהויות שהם הותירו מאחוריהם. התחלתי לקשור בין סיפורים אלו לסוגיות של העם היהודי כיום, כדי לגלות את המקורות שלנו, את הקוד הגנטי שלנו, לגלות שאין עתיד ללא עבר ואין זיכרון ללא זיכרונות. זוהי הזמנה לדיון כיצד החיים היהודיים המודרניים בכל רחבי העולם כיום מתייחסים למורשת שנים עשר שבטי ישראל בחלוף אלפי שנים.

הבה נשוחח על פרטי היצירה. המיצב מורכב משנים עשר מדליונים גדולים, שכל אחד מהם מייצג שבט ועשוי מחומרים וצבעים שונים, ואבני חן שאותן שייכת לכל שבט בעזרת מחקר ופרשנות אישית. האם תוכלי לתאר את השבטים בקצרה?

ראובן הוא בנו הבכור של יעקב, בנה של לאה, ואבן החושן שלו היא האודם (אותה זיהיתי כ-ruby). שבטו חי ממזרח לנהר הירדן, בהר המשקיף על ים המלח. ביצירה ביקשתי להציג את הרעיון של רמה אדמדמה הנושקת לים. את ההשראה שאבתי מדימוי של לידה: מתוך מי השפיר אנו עוברים לחיים על פני האדמה וכך מתחילה הנשימה. התנועה המעגלית של משיחות המכחול מסמלת את המעבר הזה ומזכירה את האוויר, שהוא היסוד שמתקשר אצלי לראובן.

שמעון הוא הבן השני, גם הוא בנה של לאה. הוא ואחיו לוי נקמו על אונס אחותם דינה, נעשו על תוקפנותם ולכן לא קיבלו כל נחלה. שבטו של שמעון חי בנחלת יהודה שבדרום-מזרח ארץ ישראל. שבט שמעון היה אחראי לחינוך הילדים, משימה שהצריכה חופש אינטלקטואלי רב. היצירות נשלטות על ידי הצבע הירוק של אבן החושן של שמעון, הפטדה (topaz), בשילוב עם גוני לבן, צהבהב וחום המעידים על הקשר שלו לאדמה.

שבט **לוי** התרכז בהר הבית, ותפקידו היה לשרת את הכוהנים ולסייע להם בעבודת בית המקדש. הסמל של שבט זה הוא החושן, ואבן החושן שלו היא הברקֶת (emerald). בצד אחד של היצירה שולט צבע סגול עמוק ועשיר, צבען של גלימות הכוהנים הגדולים המייצג את רוחניותם. בצד השני של היצירה מופיעה דוגמה המזכירה שמיכת טלאים שהקווים האנכיים והאופקיים שלה – שצבעם עשוי, בין השאר, מאבן ברקת – מרמזים על אריג בגדי הכוהן הגדול ועל תבנית החושן. במובן המטפורי תבנית הטלאים מייצגת גם את הקשר ההדוק בין שנים עשר השבטים, שונותם ואחדותם. בנוסף, דימוי של גרם המדרגות המטפס על הרי ירושלים מייצג הֶתעלות רוחנית.

זבולון, שאבן החושן שלו היא היהלום (שכדי לייצגה השתמשתי באבן quartz), **ויששכר**, הם בניה הצעירים של לאה. היה ביניהם קשר מיוחד שניסיתי לתת לו ביטוי ביצירה. בני זבולון היו שבט של סוחרים. השתמשתי בקשת מדורגת של גוני כחול ובמשיחות מכחול עזות הפונות כלפי חוץ, ובכך ניסיתי לבטא את הקשיים שבמסעות הים ואת קשרי המסחר עם בני עמים אחרים. בעוד שזבולון מתקשר ליסוד המים, יששכר עסק בענייני הרוח ובני השבט הקדישו את עצמם לחקר הכוכבים והמקרא. בשל כך, התמיכה ההדדית מצד שבט זבולון הייתה חשובה: שבט אחד הקדיש את עצמו ללימוד, למדעים ולתרבות בעוד שהשבט השני עסק במסחר ובעניינים ארציים יותר. אבן החושן של יששכר היא הספיר (lapis lazuli), שלה גוון כחול עמוק ומיוחד ובה השתמשתי בציור המייצג שבט זה.

יהודה הוא בנה הרביעי של לאה. אבן החושן שלו היא הנופך (garnet). נחלתו השתרעה מחוף הים התיכון ועד לים המלח ומדרום לירושלים ועד לנגב. המדבריות, הימים, ההרים והעמקים מיוצגים בציור באמצעות מספר רב של צבעים טבעיים שהופקו מהאדמה. משיחות המכחול הנמרצות – המזכירות תנועה מתמדת המונעת על ידי פעלתנות יוצאת דופן – נעשו בהשראת סוסים דוהרים.

מלבד זאת, כמובן ששתי היצירות מספרות סיפורים שונים, אך כשאני חושבת על כך קיים יסוד נוסף המשותף לשני הפרויקטים. המיצב בוונציה, בדומה למיצב ברומא, הורכב משתים עשרה יצירות על לוחות פי־וי־סי שקופים. אם כי במקרה ההוא היו אלה לוחות מלבניים התלויים אנכית, בעוד שב'בונקומפאני' שנים עשר הציורים מעגליים[2].

הזמן והחלל הם שני יסודות חשובים ביצירתך. במסורת העברית הזמן אינו נחשב לאוסף של רגעים מקוטעים אלא ליסוד מתמשך ורציף. במובן זה, החלל המוחשי עובר התמרה (טרנספורמציה) והופך לעניין קיומי. האם תוכלי להרחיב על כך?

אנו מודדים זמן בשיטות ובאמצעים שונים. בעבר צפינו בירח, בשמש ובתנועת כדור הארץ סביב השמש; כיום אנו משתמשים בטכנולוגיות חדשות, מטלפונים חכמים ועד לוויינים.

אך קיימת דרך נוספת למדידת הזמן המבוססת על תפיסותינו האישיות, כלומר, באופן סובייקטיבי. ניתן ליהנות מחוויות נהדרות ולהרגיש כי הזמן 'טס', או להימצא במצבים קשים מאוד ולהרגיש כי הם נמשכים 'לנצח'. כאן הזמן הופך לדבר שרירותי ומתאחד עם החלל. לזמן אין עוד כללים, הוא אינו מדיד, הוא הופך לחוויתי.

בעבור תערוכה זו יצרתי מיצב המייצג את הזמן והחלל כיסוד אחד. אירוע שבו העבר, ההווה והעתיד מתמזגים, והגבולות הנוקשים של מרחב־המוגדר־היטב נפרצים. המפגש הסמלי של הזמן והחלל, המייצגים את השמימי והארצי, הרוחני והחומרי, הוא ה'משכן' שסביבו שוכנים שנים עשר השבטים.

שאיבת ידע מהשורשים העמוקים ביותר של ההיסטוריה האנושית והתיווך שלו להווה, היו מעשה של יצירה שאפשר לי לחקור שאלות קיומיות חשובות. כיצד אוכל להתחבר אל העבר שלי? כיצד אבטא את המורשת התרבותית שלי, המורשת היהודית?

במיצב ניסיתי לייצג את ההתפתחות הדינמית של עם המצוי בתנועה מתמדת לעבר העתיד, אך מבטו עדיין מופנה אל העבר.

איזו משמעות אישית יש לפרויקט, ומדוע בחרת לקרוא לו 'בעקבות השבטים'?

כשהתחלתי לעבוד על הפרויקט הייתי צריכה לאסוף מידע רב ככל הניתן. התחלתי במקרא וערכתי מחקר מעמיק על שנים עשר השבטים. רציתי לגלות לאן הם פנו, היכן חיו וגם מה עשו: האם היו רועי צאן, עובדי אדמה, סוחרים וכולי. את זהותם הייחודית הם עיצבו על פי הברכה שכל אחד מהבנים קיבל מיעקב אבינו, והנחלה שניתנה לכל אחד שיקפה את תכונותיו. לא הסתפקתי במחקר ויצאתי לבקר במקומות הללו, למדתי את נחלות השבטים ואספתי מהן חומרים. כך ניסיתי להפיח רוח חיים בסיפורי שנים עשר השבטים ביצירה שלי ובחלל האמנותי. התהליך כבש אותי לחלוטין לא רק כאמנית אלא גם כיהודייה. כפי שציינתי, עשיתי עבודה מעמיקה עם עצמי, עבודה שנגעה בזהות שלי ובהיבטים השונים המהווים את אישיותי: מהוריי, שאף הם אמנים, ועד למקורותיי הדרום־אפריקאיים, מלימודיי באקדמיה לאמנות בצלאל ועד לזהותי כישראלית.

<hr>

2   הערת העורך: ראו מאמרה של רפאלה פרסקרלי שרתה, הדן במשמעות המספר שתים עשרה.

למוזיאון 'בונקומפאני לודוביסי' היסטוריה שראשיתה עוד בימי רומא העתיקה. כיצד בחרת במקום זה להקמת המיצב, הקושר בין עבר להווה?

כאשר אלדד גולן, נספח התרבות של שגרירות ישראל באיטליה, הציע לי להציג תערוכת יחיד ברומא – נעניתי מייד. באותה עת לא היה לי פרויקט מוגדר בראש ולא הכרתי את האתר שבו תוצג התערוכה. עם זאת ידעתי בוודאות שאני עומדת ליצור יצירה שתוקדש ליובל השבעים להקמת מדינת ישראל, וכי על היצירה להתכתב לא רק עם האדריכלות אלא גם עם ההיסטוריה של המוזיאון ושל העיר שתארח אותה. כפי שאת יודעת, לא נכחתי בביקור הראשון במוזיאון 'בונקומפאני לודוביסי'. מאוחר יותר, כאשר מיה דורה פרבאן, מנהלת הפרויקט, הציגה לי את התמונות של הווילה המרהיבה הזו מהמאה ה־20 – ובעיקר של החדר שבו מתקיימת התערוכה, 'Sala delle Vedute' עם ציורי הפרסקו בטכניקת 'trompe l'œil'[1] – התמלאתי מייד בהשראה. לאחר מכן נסעתי לבקר במקום באופן אישי, וגיליתי אנרגיה יוצאת מן הכלל וחלל מלא אופי הנובע מהאדריכלות ומאוסף היצירות המוצגות בו. כך התחלתי לחשוב על מיצב שייתפר למידות החלל המיוחד הזה ויוכל ליצור גשר נרטיבי בין המוזיאון לבין סיפורו של העם היהודי שרציתי לספר. מקור ההשראה שלי היה הפרסקו של 'Parco della Perduta' בגן 'וילה לודוויזה', אתר שנודע בשם 'גני סלוסטיוס' שם שכן בעת העתיקה ביתו של אציל רומאי. עיטורי הקיר העשויים בצבעי טמפרה כוללים נושאים אדריכליים של זוגות עמודות, עמודים בודדים, בלוסטרדות משיש על התקרה ושדרות עצים מראות פרספקטיביים. התחלתי לנתח מרכיבים אלו כדי ליצור מיצב שיוכל להתכתב עם המרחב ועם ציורי הקיר, תוך שימוש בשפה אמנותית אשר ללא ספק שונה מהשפה האמנותית המאפיינת את הווילה, אך בדרך מסוימת נובעת ממנה.

הסיפור שאני מספרת הוא הסיפור של ישראל, ארץ שבדומה לאיטליה, על אף ממדיה הקטנים מציעה מגוון רחב של נופים. יש לנו ים, אזורי ההרים והמדבר, מקומות מרהיבים המאופיינים בלוח צבעים רחב ומגוון. חשבתי שהדרך הטובה ביותר להביע זאת תהיה באמצעות סיפוריהם של שנים עשר השבטים שאותם הצגתי באופן תלת־ממדי, במיצב גדול שנבנה בהתאם לממדי החדר שבו הוא עומד וביחס אליהם. והיכן עוד ניתן להציג סיפור בן אלפי שנים אם לא ברומא, העיר שאליה הוגלה העם היהודי לאחר חורבן בית שני? אלפיים שנה חלפו, אך הקשר העמוק בין רומא לירושלים עדיין חי וקיים, ובמובן מסוים רציתי להנציח אותו.

זכית לאחרונה להצלחה רבה בעקבות התערוכה שלך Evocative Surfaces, שנערכה בשנה שעברה במוזיאון 'פאלאצו גרימאני' לרגל הביאנלה ה־57 של ונציה. מספר חודשים לאחר מכן התחלת לעבוד על הפרויקט של רומא. האם יש לראות בשתי התערוכות הללו שני דברים נפרדים או שיש ביניהן מכנה משותף?

התערוכה Evocative Surfaces הייתה מיצב שהורכב מציורים בקנה מידה גדול וסדרת לוחות שנתלו מהתקרה. כמו במוזיאון 'בונקומפאני לודוביסי' גם יצירות אלה נוצרו במיוחד למוזיאון 'פאלאצו גרימאני' בהשראת ההיסטוריה של ארמון זה מתקופת הרנסאנס, מהאנרגיה הטמונה בחלליו, מהמבנה האדריכלי שלו ומהדו־שיח ההרמוני בין עתיק־יומין לעכשווי. בדומה לווילה העירונית ברומא, גם 'פאלאצו גרימאני' ניחן בנוכחות ציורית חזקה שרציתי לתת לה ביטוי ביצירה, בעיקר באמצעות קווים וצבעים שהוכתבו על ידי הסביבה האדריכלית והדקורטיבית.

  הערת העורך: ציורי קיר היוצרים אשליה אופטית

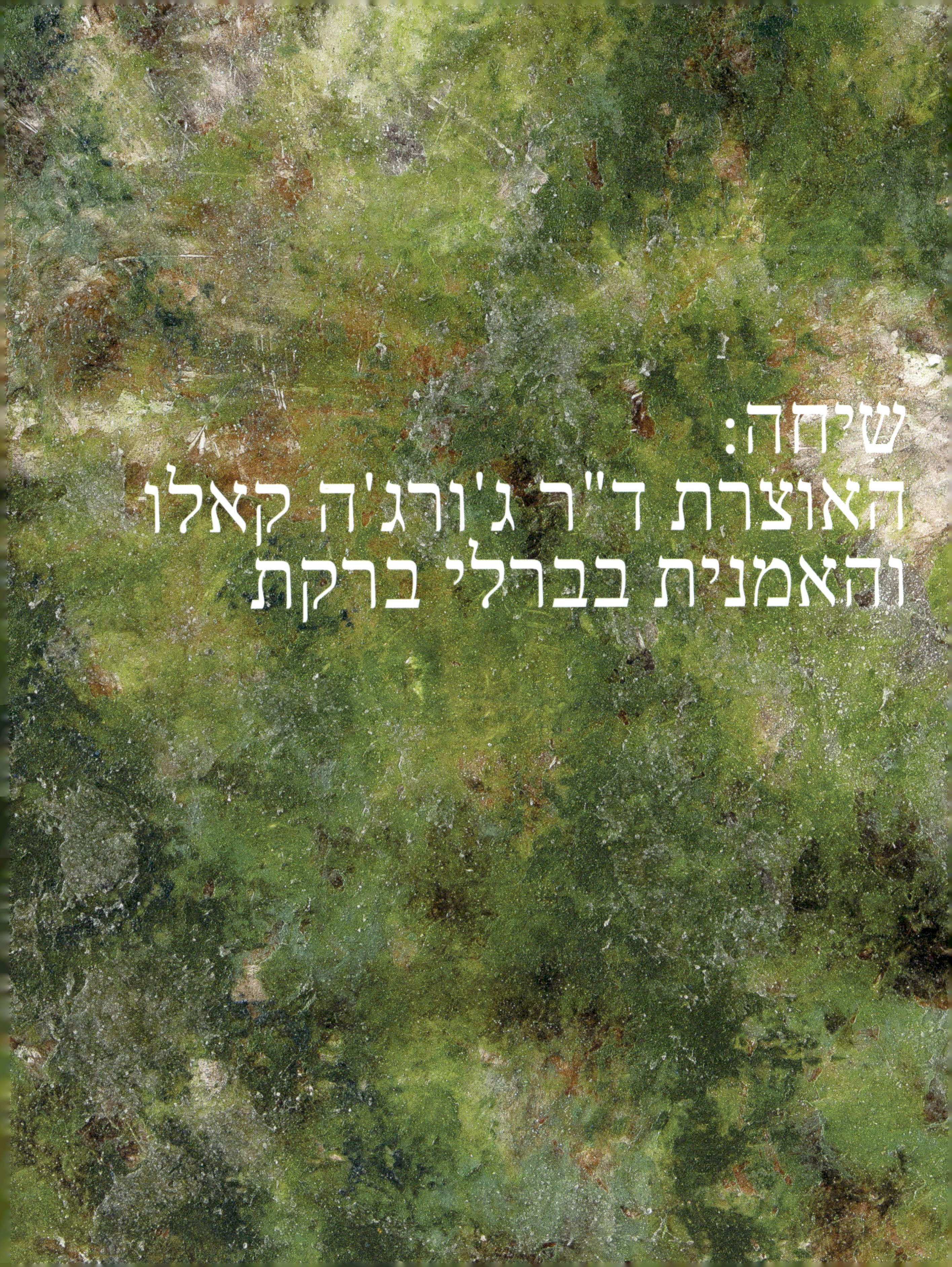

שיחה:
האוצרת ד"ר ג'ורג'ה קאלו
והאמנית בברלי ברקת

מקומות קסומים בעלי יופי נדיר, מדבר, אדמה, ים, הרים ומערות, מתגבשים מחדש בתהליך אלכימי על שנים עשר קנבסים עגולים; מנדלות המתחקות אחר השזירה העדינה של ההיסטוריה והטבע; קודים סוציו־סימבוליים המשוקעים בשכבות הזמן; ספֵירות התלויות ועומדות בינות אנכים גיאומטריים. האמנית מציירת בשורשיה העבריים, וזהותה היהודית כמו מונחת מתחת לעורה. אור, חומר, צורה וצבע – הקנבסים השקופים מבתקים את תודעת המרחב ומאפשרים לצופה המתבונן לצלול למעמקי ההיסטוריה.

יצירתה של בברלי ברקת, אתיקה של חירות המתורגמת למחווה פוליטית, משרטטת מפה של יחסים אנושיים: הזהות האישית לעומת המגוון החברתי, האנוכי לעומת הקולקטיבי, הזמן האוניברסלי לעומת ההיסטוריה המקומית, הקוסמיות לעומת הארציות. בדור שלאחר השואה – שאותה החשיב אדורנו ככישלון התרבות המערבית להשיג את מטרתה המרכזית[5] – תחייתה המחודשת של מדינת ישראל אינה בשום אופן תולדה של מירוק מצפונו של המערב, אלא תולדתו של הרחם האימהי של העם היהודי הקם לתחייה. בעבור האמנית, אדמתו של אדם אינה מושג מטאפיזי או טרנסצנדנטלי, אלא חוויה חומרית, גשמית ומציאותית.

אל מול חברה גלובלית השקועה בגירוי־יתר ושטופה בדימויים חזותיים מהונדסים לעייפה, האמנית בוחרת בְּהפשטה, המתגלה כנוסחה האישית שלה למאבק בבנאלי וכבחירה פילוסופית במימד סמלי הנושא בחובו משמעות ותכלית[6]. הציור המופשט של ברקת חוקר את היחסים שבין האסתטי לפוליטי[7], ודימוי הלכידות החברתית נטוע בעבר אך מתרחב אל העתיד: שבט, קהילה, קהילייה בין־לאומית וחברה.

שנים עשר השבטים הם מטאפורה המתארת את המסע העיוני של יחידים שהפכו לעם, לציוויליזציה ולמדינה, מבלי לוותר על הדיאלוג ההדדי הכה חיוני בין רוחני לחילוני, בין העצמי לבין העולם. זוהי היכולת היהודית לקדש את חברת המופת, להיות בקיום, להיות בהיסטוריה – יכולת הממשיכה להזין את הדנ"א של החברה האנושית כולה. כפי שכותב פול ריקר, "עלינו לפתוח מחדש את העבר, להחיות בו את [...] האפשרויות [...] הבלתי ממומשות, הגדועות. [...] רק לציפייה נחרצת עשויה להיות השפעה רטרואקטיבית, כלומר, יכולת לגלות את העבר כמסורת חיה"[8].

שיתוף הפעולה בין האמנית בברלי ברקת לבין קרן נומאס מאששת את מחויבותה של הקרן לחקר מימדים היסטוריים, אמנותיים, פילוסופיים, סוציולוגיים, אנתרופולוגיים, כלכליים ופוליטיים, בגישה ביקורתית ומתוך התבוננות־עצמית, המזינים את ההפרייה ההדדית של האמנות והחברה.

5 ראו: Theodor W. Adorno, *Dialettica negativa*, Torino-Einaudi 1982: 331.
6 כמו בהגותו של קסירר, האמן יוצק משמעות ליקום של סמלים ובכך מאפשר מודעות חיונית, המגלה וחושפת את המציאות האפשרית. ראו:
Ernest Cassirer, *Filosofia delle forme simboliche. Fenomenologia della conoscenza*, Firenze - La Nuova Italia 1966.
7 פוליטי, לא במובן של חזון טהרני או כפרדוקס של ייצוג־עצמי, אלא כשאיפה לחזור ולאשש את שאיפתו של האדם למתן לגיטימציה לשורשיו ולמקורותיו.
8 ראו: Paul Ricoeur, *Dal testo all'azione. Saggi di ermeneutica*, Milano-Jaca Book 1989: 266.

במסורת היהודית המספר שתים עשרה מזוהה עם עַם־האלוהים, בני ישראל[1]. המקרא, שהשפיע רבות הן על התפיסה
הדתית והן על המחשבה החילונית, מתאר את שנים עשר השבטים כקהילות מסורתיות. המִספר אינו נגזר מנקודת מבט
היסטורית בלבד, אלא הוא גם סמל קוסמולוגי המייצג מחלוקות, התנצחויות וחילוקי דעות שנמשכו תקופה ארוכה[2].
האחדות התרבותית והחברתית, הנתמכת ברעיון המונותאיזם, היא תוצאה של תהליך קהילתי שהפך את העימותים
השבטיים שטרם־הגלות למנוף פוליטי מהפכני. אחדות השבטים היא שיצרה את מלכות יהודה וישראל[3].

גם הרעיון הלאומי המודרני צמח מתוך ההשתוקקות להתעלות מעל המחלוקות השבטיות ולטפח חברה יציבה ומלוכדת.
במהלך מאות שנות הגלות השתוקקות זו הושפעה מהתרבויות שבתוכן חיה ואף השפיעה עליהן, והיא עשתה כן כדי לענות
על צורך כפול ומנוגד: הצורך בשימור הזהות, ולצד זאת הרצון להתערות במרחב הלא־יהודי, ובהוויה הפוליטית, החברתית,
הכלכלית והתרבותית שלו. 'דינא דמלכותא דינא', חוק המלכות הוא החוק, הוא עיקרון המסכם את החילון המוסדי של
ההיסטוריה העברית[4].

בהיותה ניחנת בחוש ביקורתי ואף בביקורת עצמית אינסטינקטיביים, החיוניות הרציונלית הזו לא חדלה מלקיים דיאלוג
עם העולם הסובב אותה, מהחוק הרומאי, ה'לקס רומנה', ועד ההשכלה המודרנית. החִברות, ההשתלבות האזרחית
וההסתגלנות התרבותית של העם שיקפו פעולה אינטלקטואלי ופתיחות חברתית ללא סייג. ההגנה על הזהות היהודית
ושימור שלה הותאמו לערכים החברתיים, החוקיים והאתיים של תרבות המערב. הולדתה של מדינת ישראל החייתה הן
את עקרונות היסוד מעוררי ההשראה של אחדות שנים עשר השבטים, והן את עמודי התווך של משטרי הדמוקרטיות
המתקדמות.

גם בעידן הפוסט־מודרני, הקהילה העברית ממשיכה לשמר את האחדות החברתית ובכך לחזק את הקהילה האנושית
כולה. יצירותיה האמנותיות של בברלי ברקת מבטאות את המורשת הזו באופן אסתטי: התוכן הוא שנים עשר השבטים,
היצירה היא החלל העוטף, המציאות היא המבט הקולקטיבי, הזהות החברתית היא משיחת המכחול. בעודה נטועה בנופה
הפנימי, האמנית יוצאת למסע של חיפוש, איסוף וקטלוג חומרים בצבעים שונים מן הנוף החיצוני: סלעים, עפר, אבנים
יקרות למחצה, קונכיות, שכבות של חומר. כל אלה נטחנים ומעורבבים, והופכים לחומר פיזי וכימי, חומר קונספטואלי
חדש שבאמצעותו נרקמות היצירות.

1 ראו: Adela Yarbro Collins, *Cosmology and Escathology in Jewish and Christian Apocalyptcisim*, Supplements to the Journal for the
Study of Judaism 50, Leiden/Boston/Koln-Brill 1996.
2 ראו: Giovanni Garbini, *Storia e ideologia nell'Israele antico*, Brescia-Paideia 1986: 168-174.
3 ראו: Max Weber, *Ancient Judaism*, Glencoe (Ill.): The Free Press 1952; Tomoo Ishida, *The Royal Dynasties in Ancient Israel. A Study
on the Formation and Development of Royal-Dynastic Ideology*, Berlino/New York-de Gruyter 1977.
4 ראו: Silvio Ferrari, *Lo spirito dei diritti religiosi. Ebraismo, cristianesimo e islam a confronto*, Bologna-Il Mulino 2002: 252-256.

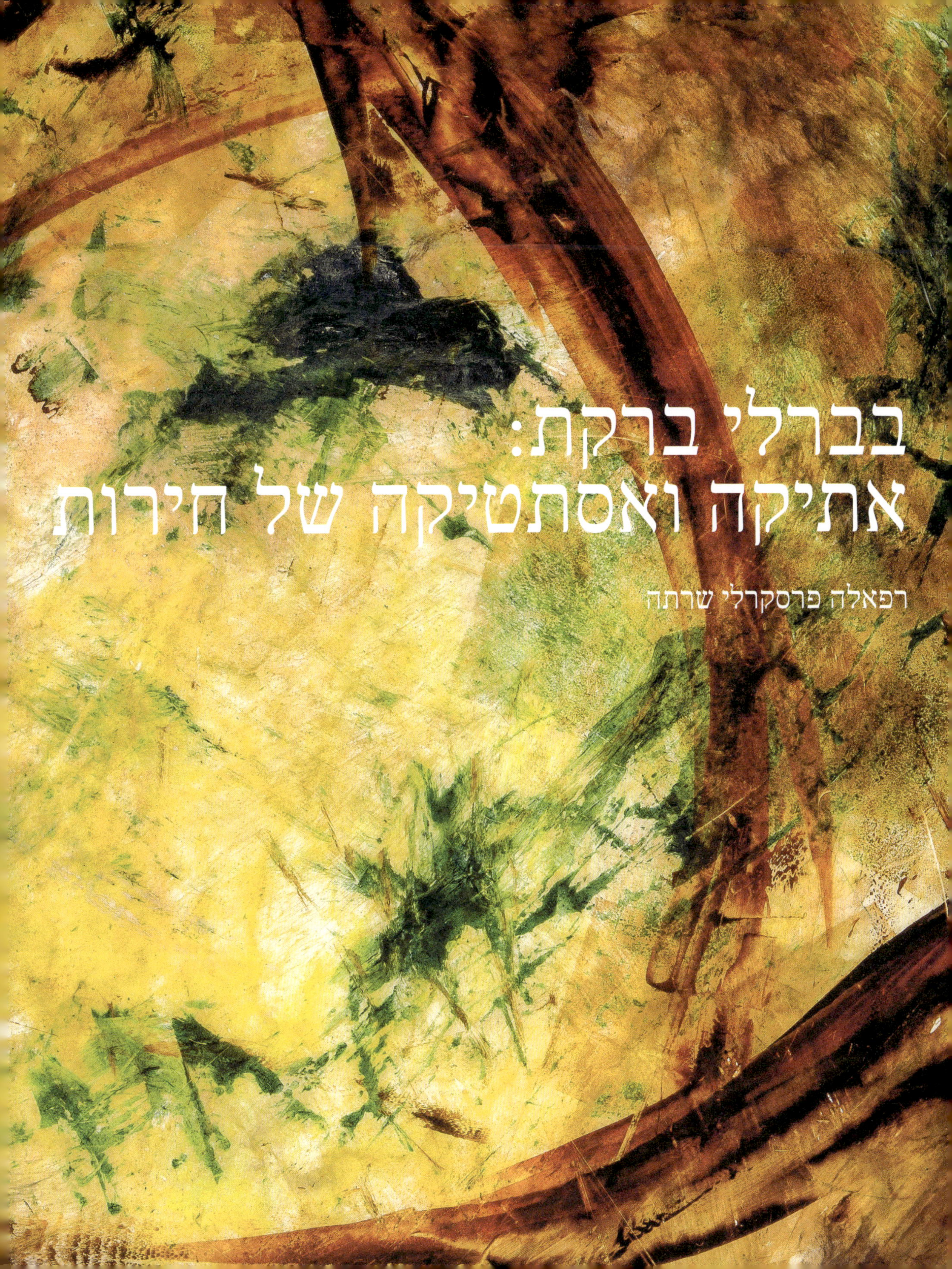

בברלי ברקת:
אתיקה ואסתטיקה של חירות
רפאלה פרסקרלי שרתה

ממצאים ארכיאולוגיים מעידים כי שבטים שונים, המזוהים כאותם שבטי ישראל המוזכרים במקרא, התיישבו בהדרגתיות בארץ כנען בין שנת 1200 ל־1005 לפנה"ס. הממצאים הארכיאולוגיים מעידים כי התיישבות השבטים מאופיינת בהופעתו של 'בית ארבעת המרחבים' (או 'הבית הישראלי') ובמרכיבים ייחודיים ששימשו את המתיישבים החדשים בתחום כלי הבית, כגון 'קנקן שפת הצווארון'. מרכיבים אלה מצביעים על נוכחותה של אוכלוסייה בעלת זהות ייחודית, ולמעשה הארכיאולוגיה מצביעה על התיישבות הדרגתית של שבטים שבעברם נהגו חיי נוודות חלקית.[19]

סוף תקופת הנוודות מצוין על ידי מעבר מקונפדרציית שבטים המאורגנת באופן שטחי למדינה ריכוזית מודרנית שבראשה עומד מלך – תקופת הממלכה המאוחדת, אשר בה השופטים הוחלפו בידי המלך. שלמה (971-931 לפנה"ס), בנו וממשיכו של דוד המלך, שם קץ לאוטונומיה השבטית בעזרת רצף רפורמות ניהוליות[20] ויסד ממלכה מודרנית המבוססת על שנים עשר אזורי ניהול. כל אחד מהם נוהל על ידי בעל תפקיד שנבחר על ידי המלך. האזור הניהולי לא היה מקביל לטריטוריה השבטית אלא לעתים קרובות כלל אזורים שהיו בנחלתם של מספר שבטים.[21] עם מותו של המלך שלמה התחוללה הפרדה: ממלכת ישראל בצפון, אשר נכבשה על ידי אשור בשנת 722 לפנה"ס; וממלכת יהודה בדרום, אשר נכבשה על ידי בבל בשנת 587 לפנה"ס. כשחזרו הגולים מבבל והתיישבו סביב ירושלים הם הוכרו כ'יהודים' – אלו אשר גרו בעבר בנחלת שבט יהודה.

---

19 על בית ארבעת המרחבים ועל 'קנקן שפת הצווארון' ראו:

A. Mazar, "The Iron Age I", in A. Ben Tor, *Introduction to the Archaeology of Ancient Israel in the Biblical Period*, Ramat Aviv 1990, pp. 1-73.

A. Mazar, *Archaeology of the Land of the Bible*, 10.000 – 586 B.C.E., New York 1990, pp. 295-367.

E. Netzer, "Domestic Architecture in the Iron Age, in A. Kempinsky.

R. Reich, *The Architecture of Ancient Israel from the Prehistoric to the Persian Periods*, Jerusalem 1992, pp. 193-201.

Z. Herzog, *Settlement and Fortification Planning in the Iron Age*, in A. Kempinsky.

R. Reich, *The Architecture of Ancient Israel from the Prehistoric to the Persian Periods*, Jerusalem 1992, pp. 231-274.

על הגיאוגרפיה ההיסטורית של ההתנחלות הישראלית ראו:

I. Finkelstein, *The Archaeology of the Israelite Settlement*, Jerusalem 1988.

20 מלכים א, ד, ז-י"ז

21 על מחוזות המלך שלמה ראו:

Y. Aharoni, *The Land of the Bible, A Historical Geography*, Philasdelphia (Penn.) 1979, pp. 309-320.

על הכיבוש וההתנחלות הישראלית ראו גם:

Z. Kallai, *Historical Geography of the Bible*, Jerusalem-Leiden 1986, pp. 40-71.

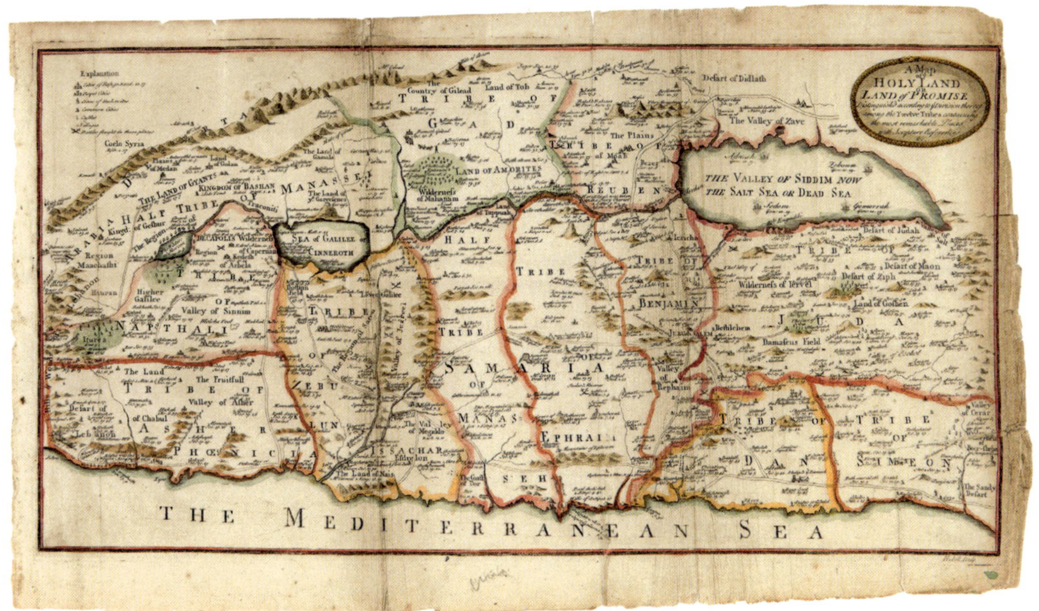

הולט, 1730
מפה של ארץ הקודש,
או 'הארץ המובטחת',
המציגה את חלוקתה בין
שנים עשר שבטי ישראל,
וכן מקומות חשובים
ומקורותיהם במקרא.

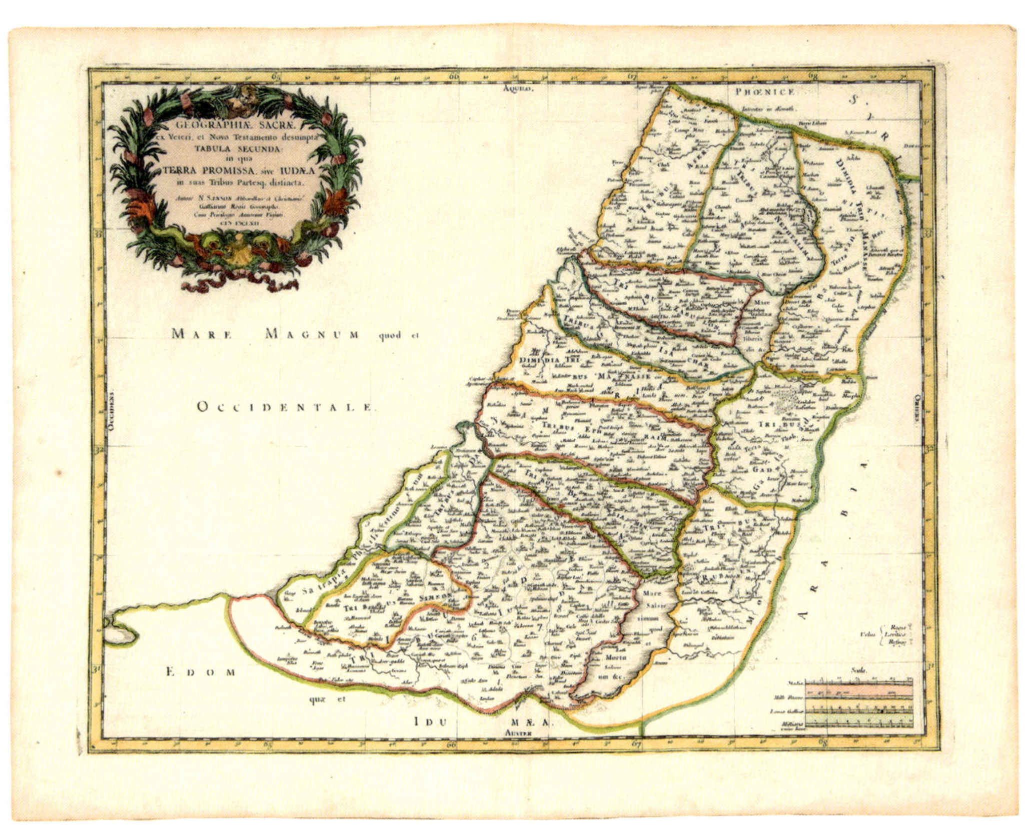

מפה מפורטת ונדירה מאוד
של "הארץ המובטחת של
העם היהודי" וחלוקתה בין שבטי ישראל.
ניקולה סאנסון היה
הקרטוגרף הצרפתי החשוב ביותר באמצע המאה
ה-17. המפות המודרניות
ששרטט היו בעלות השפעה רבה
והמשיכו לראות אור במשך שנים רבות.

נ' סאנסון, פ' מארייט, "ארץ
ישראל" מתוך: *Geographiae*
Sacrae Ex Veteri, Et Novo
Testamento...,
פאריס 67–1662;
אוסף לאור, *מפות של ארץ*
הקודש, 688, מס' 14665.

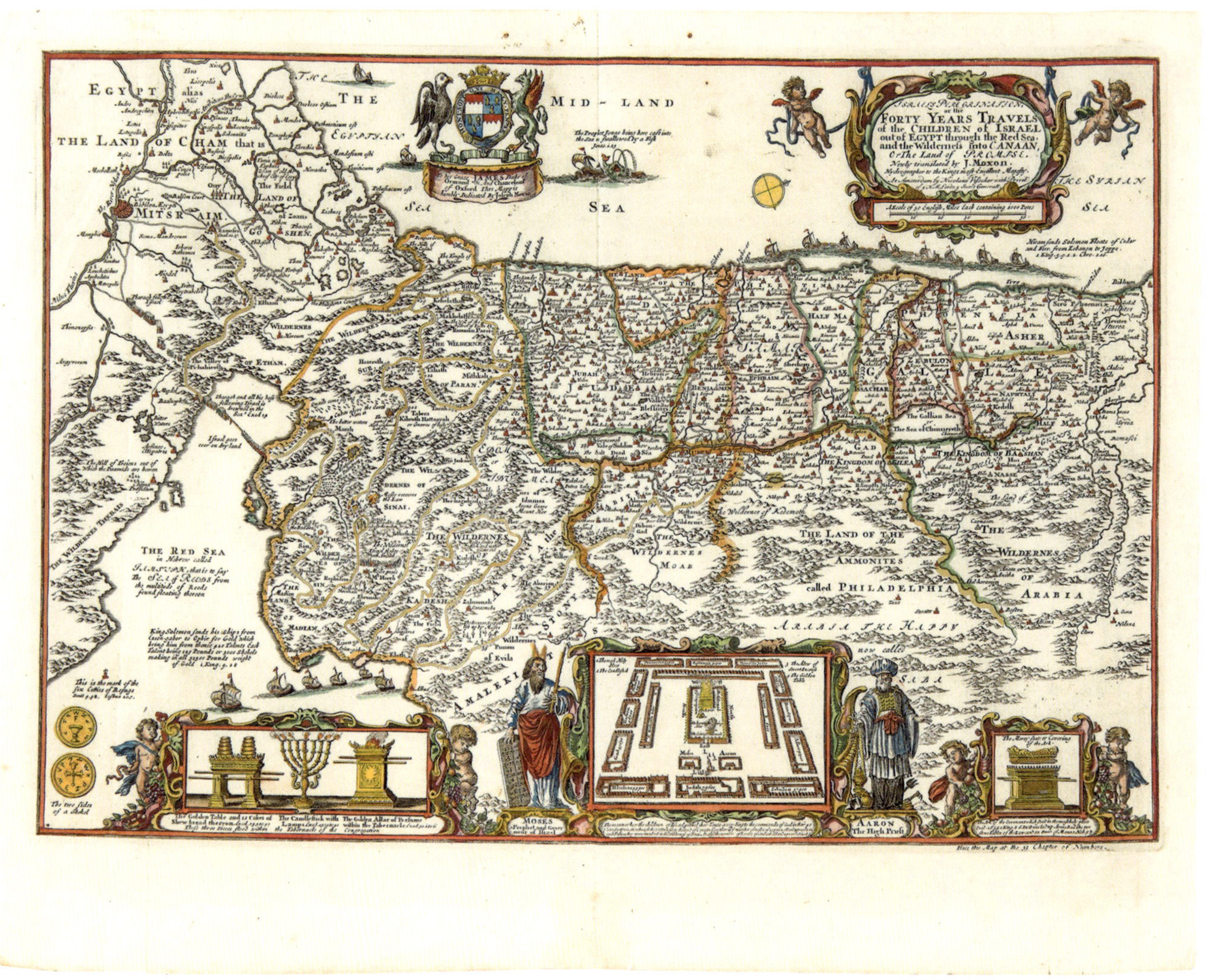

מהדורה אנגלית נדירה של
מפה ששורטטה לראשונה על ידי
ניקולס ויסכר ההולנדי.
זהו עותק שמור היטב של מפה מפורטת המציגה את
נדודי בני ישראל.
בשולי המפה איורים של תשמישי
קדושה יהודיים כגון אוהל מועד,
המזבח, פמוטים ועוד, של אישים
כגון משה ואהרון, וכן תרשים של מחנה ישראל במדבר.

נ' ויסכר, ג' מוקסון, Israel's
Peregrination, Or the Forty
Years' Travel…, לונדון 1671,
מס' 42151.

הממצא העתיק ביותר מחוץ למקרא המזכיר את עם ישראל הוא כתובת על אסטלת ניצחון מצרית, אשר בה פרעה מרנפתח מתרברב בהשמדת עם המכונה 'ישראל', ואשר בניצחונו עליו גרם לכך ש"אין זרע לו", כלומר, לא תהיה לו המשכיות[16].

ספר יהושע מציין שכל שבטי ישראל כבשו את הארץ, ובמהלך זמן לא ארוך התיישבו בה תחת הנהגתו של יהושע, ממשיכו של משה. אותו הספר, שהוא מקור המידע העיקרי ביחס להתיישבות בארץ, מפרט את מפת האזורים שנכבשו[17].

מצפון לדרום, שבטים אשר ונפתלי התיישבו בחלקו הצפוני של הגליל, באזור ההררי. אשר במערב, סמוך לים התיכון, ונפתלי במזרח, על גבול החוף המערבי של הכנרת. השבטים זבולון ויששכר התיישבו באזור מוגבל יותר, במרכז הגליל התחתון, אזור המאופיין בגבעות. זבולון במערב השטח, יששכר במזרחו. במרכז צפונה של הארץ שלט שבט מנשה, אשר חלקו התיישב קודם לכן ממזרח לנהר הירדן יחד עם השבטים גד וראובן, ובהמשך התיישב בשטח נרחב שהשתרע מגבעות השומרון עד למישור החוף ולים התיכון. שבט דן התיישב במישור החוף המרכזי, לחופי הים התיכון, שבט אפרים התנחל באזור גבעות השומרון הדרומי ושבט בנימין גם הוא שלט באזור זה. החלק הדרומי של הארץ היה מאופיין בגבעות, ונתחם על ידי ארץ הפלשתים ממערב, ים המלח ממזרח ומדבר הנגב מדרום. אזור זה נשלט בידי שבט יהודה, כשבתוכו מובלעת המיושבת על ידי שבט שמעון.

למרות זאת, גרסת ספר יהושע כוללת לא מעט חוסר התאמות ביחס למתואר בספר שופטים. מטרתו העיקרית של ספר יהושע הייתה להנחיל מסר תיאולוגי שבו מושם דגש מיוחד על ציות עם ישראל לאלוהים, אשר מגשים את הבטחתו לאבות על ידי יישוב עם ישראל בארץ המובטחת תחת הנהגת יהושע. הטקסט מציג בפנינו מצב אידיאלי של ההתיישבות בארץ, ומתאר כיצד שנים עשר השבטים האמינו באלוהים, עבדו אותו במקום אחד וכיבדו את הציווי האלוהי, המצוות, שניתנו למשה כמתואר בספר דברים[18].

מאידך, ספר שופטים מתאר מציאות שונה: כיבוש אטי של ארץ כנען על ידי השבטים, שלעיתים קרובות פעלו באופן עצמאי ושונה איש מרעהו, בכך שכל שבט בחר לעצמו את מנהיגיו מבין השופטים. אותם שופטים היו לעתים קרובות מנהיגים מקומיים, שנבחרו על ידי השבט או קבוצת שבטים להתמודד עם איומים מחוץ. קריאה זהירה בספר שופטים מצביעה על כך שבסוף תקופת השופטים, שבטי ישראל התיישבו בעיקר באזור המרכז ובמיוחד באזור השומרון בצפון ובאזור יהודה בדרום.

---

16 ראו: M.H. Wiener, "Dating the Emergence of Historical Israel in Light of Recent Developments in Egyptian Chronology", *Journal of the Institute of Archaeology of Tel Aviv University* 41.1, 2014, pp. 50–54.

17 יהושע ט"ו, י"ט

18 על תקופת ההתנחלות הישראלית ראו:
Y. Aharoni, *The Land of the Bible, A Historical Geography*, Philadelphia (Penn.) 1979, pp. 191-286.
על הניתוח הגיאוגרפי של גבולות המערכת השבטית ראו:
Z. Kallai, *Historical Geography of the Bible*, Jerusalem-Leiden 1986, pp. 99-272.
על הניתוח ההיסטורי של מערכת הגבולות השבטית ראו גם עמודים 279-328.
ראו גם:
Finkelstein and N.A. Silberman, *The Bible Unearthed, Archaeology's New Vision of Ancient Israel and the Origins of Its Sacred Texts*, New York 2001, pp. 97-99 on the Book of Joshua.

ברכת יעקב לשנים עשר השבטים

לפי המקרא, שנים עשר שבטי ישראל ירשו את שמם מבניו של יעקב אבינו[1]. ליעקב היו שנים עשר בנים, שישה מאשתו לאה: ראובן, שמעון, לוי ויהודה[2] ומאוחר יותר יששכר וזבולון, שניים מאשתו השנייה והאהובה רחל: יוסף[3] ובנימין[4], שניים מבלהה, שפחתה של רחל: דן ונפתלי[5] ושניים מזלפה, שפחתה של לאה: גד ואשר[6].

התפקיד של בני יעקב ושני בניו של יוסף[7] כיורשי אביהם וסבם קודש בברכתו של יעקב[8]. ברכתו האחרונה של האב והסב באה להדגיש את הדיכוטומיה בין האחים, ויחד עם זאת את היותם בני משפחה אחת. ואכן, מצד אחד, היהודים ידועים כצאצאי שנים עשר השבטים, הגדרה המדגישה את היותם שונים ורבגוניים, ומצד שני הם מאוחדים כ'בני ישראל'. בלשונו של יוסף בן מתיתיהו[9] ובלשונם של חז"ל, המילה 'שבטים' משמשת הן לתיאור שנים עשר בני יעקב והן לתיאור שנים עשר שבטי ישראל שהם צאצאיו. לפיכך, כבר במקרא קיים מתח בין בניו של יעקב לבין שנים עשר השבטים, מתח שאותו ניתן להבין מכך שהכוהנים והלוויים, צאצאי שבט לוי, נושלו מחלוקת נחלות ארץ ישראל.

שני יורשיו העיקרים של יעקב הם יהודה ויוסף. הניגוד בין השניים בא לידי ביטוי ב'ספרים החיצוניים', למשל בספר חנוך, המתייחס למשיח כבנו של יוסף[10]. לחז"ל[11], לעומת זאת, ברור היה כי היורש הבכיר של יעקב הוא יהודה. לדידם, משיח בן יוסף, הנקרא בשם מנחם בן חזקיה, יובס במלחמת גוג ומגוג האפוקליפטית, ובכך יכשיר את הקרקע למשיח האולטימטיבי, אליהו, שהוא מצאצאיו של יהודה.

בנוסף לכך הספרות הרבנית מתייחסת לכל שנים עשר בניו של יעקב, תוך הדגשת אופיים החיובי. כך, העולם כולו נוצר בזכות אותם שנים עשר שבטים[12], ומדרשים רבים מדגישים את תפקידם של שאר בני יעקב. מדרש אחד מתרכז בטהרתו של שבט לוי, המשותפת גם לשבטי ראובן ושמעון[13]. בזמן ששאר השבטים, בהיותם עבדים במצרים, עבדו עבודה זרה, ראובן, שמעון ולוי, שמרו על אמונתם באלוהי ישראל. בנימין, הקטן בבני יעקב, נהנה ממעמד מועדף, היות שבשטח נחלתו המיועדת יקום בית המקדש[14].

חשוב לציין כי על פי המדרשים, שמות שנים עשר השבטים מופיעים תמיד בסדר שונה, כדי שלא יהיה ניתן לחשוב שהשבטים אשר מוצאם מנשות יעקב רחל ולאה, חשובים יותר מצאצאי בניהם של שפחותיהן, בלהה וזלפה[15].

1 בראשית ל"ג, כ"ב-ל"ב, י"ב, ד וגם: הושע י"ב, ד
2 בראשית כ"ז, ל"ב-ל"ג
3 בראשית ל, כ"ב-כ"ד
4 בראשית ל"ג, ט"ו-י"ח
5 בראשית ל, ו-ח
6 בראשית ל, י-י"ג
7 בראשית מ"ט, כ"ב-כ"ו
8 בראשית מ"ט, א-כ"ז
9 קדמוניות היהודים ב, 195
10 ראו: D.C. Mitchell, Messiah ben Joseph, Campbell 2016; וכן Firstborn shor and rem: A Sacrificial Josephite Messiah in 1 Enoch 90.37-38 & Deuteronomy 33.17, in *Journal for the Study of the Pseudepigrapha* 15.3, 2006, pp. 211-228.
11 תלמוד ירושלמי, מסכת ברכות ד, ב; ה, א; תלמוד בבלי, מסכת סנהדרין צ"ח עמוד ב; מסכת סוכה נ"ב עמוד א ו-ב
12 מדרש רבה ט"ו, ו
13 במדבר רבה י"ג, ח
14 ספרי דברים שנ"ב, נ"ב, ג
15 שמות רבה א, ו

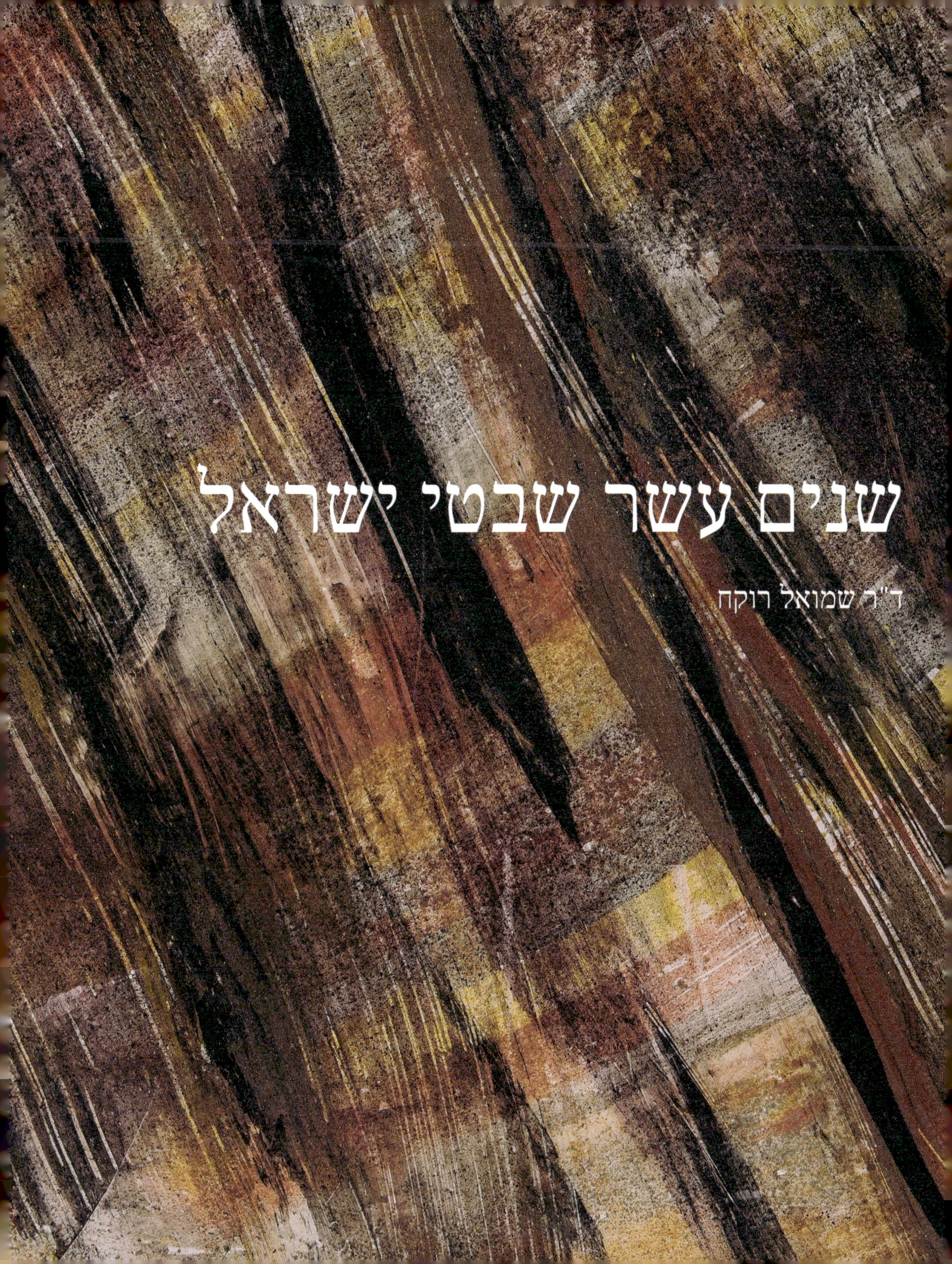

שנים עשר שבטי ישראל
ד"ר שמואל רוקח

על אף שכל צורניות נעדרת מן היצירה, די בצבע ובחומר כדי לספר את הסיפור העתיק של השבטים. מחוות הציור של ברקת מתייחסת למצב גשמי ומוחשי, העובר התמרה (טרנספורמציה) למצב דמיוני ורוחני. לזמן ולמרחב תפקיד מהותי: הם נראים כקופאים, ולפיכך מאפשרים את צמיחתה של סביבה עשירה ברמזים סמליים והיסטוריים.

ניתן לתפוס את המיצב של ברקת כמסע, כנתיב המוביל לדיאלוג בין אדם למקום, מטרה הנחזית כמהות היצירה שלה. בין אם הוא מתפרש במושגים מוחשיים כשטח פיזי, ובין אם במושגים אידיאיים כמרחב מופשט ומיסטי. 'המקום' הוא התגלמות המסורת התרבותית, הוא נקודת שיווי המשקל בין האדם לבין מגוריו, והוא מרחב מטאפיזי שיכול להיוולד מחדש בכל אתר שאליו האדם מגיע. במובן זה יצירתה של בברלי ברקת היא מסע כלפי חוץ, ובד בבד – מבט פנימה.

במסורת העברית 'המקום' הוא גם שם נרדף לאֵל, ועבור חכמי הקבלה הראשונים, כמו גם עבור אריסטו, 'מקום' הוא המקבילה של ה'מרחב'. הכול הוא מקום, ואלוהים שוכן בכל מקום – הוא עצמו המרחב האוניברסלי שבו שוכן היקום. אין זה מקרה שבתהילים ובפרקי אבות יש רמזים חוזרים ונשנים לאדמה ולבית כמקום ההשתייכות שאליו האדם הולך וממנו הוא בא, הן במובן הגשמי והן במובן הרוחני.

כדי להיטיב להבין את המסע הזה, עלינו ללכת אחורה בזמן לימי אברהם אבינו, העברי הראשון, ההופך כזה כאשר אלוהים פוקד עליו לעזוב את ביתו בציווי "לך לך", אשר באופן מילולי משמעו: "לך אל עצמך". בהמשך עונה אברהם לאלוהים "הנני", כאשר האחרון קורא לו כדי שיעלה את בנו יצחק לעולה. שוב אנו מוצאים בתורה אזכור למקום גיאוגרפי מפורש, אולם המקום הזה אינו אלא מקומו של העצמי או העצמי-הנודד; זהו מקום של זהות ולא רק מקום טריטוריאלי ומוחשי, והוא מחליף את הדגש מ'כאן' ל'אן'.

גם למילה 'אל' בעברית משמעות כפולה. זהו אחד משמות האלוהים, וכן מילת יחס המצביעה על תנועה לעבר מקום וקוראת לתנועה מתמדת – מה שמצביע על יחס של התפתחות והמשכיות, בצירוף כבוד והערכה ליציבות של נקודת המוצא. במסע נצחי זה, החגים והמועדים בלוח השנה היהודי הם זמנים להרהר במגוון פניו של הקיום האנושי, והם מתווים את מסעה התמידי של הנשמה. ברונו צבי קובע במאמרו 'על היהדות ותפיסת הזמן-מרחב באמנות' כי "תפיסת הזמן גברה תמיד, מאחר שהיהדות לעולם אינה יכולה להצטמצם לתפיסה מרחבית. תפיסה כזו תסתור ביסודה את הרעיון היהודי על אודות אלוהים"[10].

הברית, שעל פיה יהפוך ישראל לעם הנבחר על ידי האל שיכניס אותו לארץ המובטחת, נחתמת בהקמת המשכן. כאשר העם נדד במדבר, נדד המשכן ביחד איתו ועלה הצורך לקבוע את הסדר שעל פיו יתארגנו השבטים סביבו, בהתאם לסימטריה קפדנית ותפיסה אדריכלית של החברה. המשכן, אם כן, הוא מפגש בין הזמן והמרחב, וסביבו השבטים מסתדרים, שלושה בכל אחת מארבע הצלעות: מצפון – דן, אשר ונפתלי; ממזרח – זבולון, יהודה ויששכר; מדרום – גד, ראובן ושמעון; וממערב – בנימין, אפרים ומנשה[11].

סדר אבני החן המייצגות כל אחד מהשבטים קשור למבנה הארגוני של מחנה ישראל בחניה ובנסיעה. המשכן אם כן פועל כמיקרוקוסמוס של היקום כולו, התגלמות של מעשה הבריאה במלוא הדרו. זו המודעות האנושית למקומו של האדם ביקום ולאחדות השמיים והארץ, המקום שבו ארבעת יסודות המלכות מתקיימים זה עם זה[12].

יצירתה של בברלי ברקת נוכחת בכל גשמיותה גם בשל השימוש בחומרי גלם מוצקים, כגון מתכת, ועם זאת ובו זמנית היא משנה את צורתה לנגד עינינו והופכת לדבר אחר; מוצקות הברזל מתחלפת בשקיפות הפי-וי-סי, הכול בהתאם לסדר מופתי. הצבעים, יחד עם אבני החושן, מעניקים למבנה המיצב המשרה למבנה המיצב ולוקחים אותנו ללמד אחר שבו המרחב מתבטל והמקום מקבל נופך דמיוני, ובכך, ניתן לומר, מחיים בנו סיפור המתקיים זה אלפי שנים.

10 ראו: B. Zevi, *Ebraismo e concezione spazio-temporale nell'arte*, estratto da *La rassegna mensile di Israel*, Roma 1974, p. 2.
11 ראו: D. Lattes, *Libro IV – Be Midbar o numeri*, in *Nuovo commento alla Torah*, Carucci Editore, Roma 1986, p. 429-436.
12 ראו: N. Shenkar, *L'arte ebraica e la Cabala*, Spirali, Milano 2000, pp.40-41. Ed. Orig. *L'art juif et la Kabbale*, NiL éditions, Paris 1996.

התורה מתארת את הברכות שבהן ברך יעקב את בניו, ברכות המשוות בינם לבין חיות וצמחים. בציוריה לא מופיעים האריה המסמל את יהודה, החמור של יששכר, הצבי של נפתלי, הזאב של בנימין וכן הלאה. יצירתה של ברקת היא לא־איקונית, מופשטת וסמלית, וממשיכה את מסורת האמנות היהודית אשר בעקבות איסורי התורה נמנעת מהצגת דמויות, ועל אף זאת מצליחה לעורר משמעויות עמוקה.

עבודתה של ברקת שונה גם מהעבודות הידועות בתולדות האמנות. חִשבו, לדוגמה, על חלונות המסכית (ויטראז'ים) של מארק שאגאל בבית הכנסת של בית החולים הדסה בירושלים, שבהם המטאפורה אינה מאירת במילים כי אם בדימויים, או על הדיוקנאות של הצייר הספרדי בן המאה ה-17, פרנסיסקו דה זורברן[7] שמקורם בספר בראשית. בתהליך הרעיוני שברקת עוברת היא מתייחסת לסמל כמעין חומר, התמונה הופכת לצבע והמסגרת נהיית תלת ממדית באופן המרמז על גמישות קוסמית. שנים עשר הציורים דומים לכוכבי לכת השטים בחלל השמימי. אכן, שנים עשר המזלות מוקבלים לעיתים קרובות לשנים עשר בני יעקב[8]. גם במקרה זה יוסף בן מתתיהו הוא המצביע על יחסי הגומלין בין אבני החושן לקבוצות המזלות ולחודשי השנה[9].

עבודתה של ברקת מתמקדת בחומר ובצבע כדי ליצור יקום מורכב של סמלים ורמיזות, והיא משיגה זאת באמצעות מחווה ציורית שלא ניתן לטעות בה. היא שואבת השראה הן מהמסורת הקלאסית והן מתנועות באמנות המודרנית, כגון האקספרסיוניזם האבסטרקטי.

הצבעים שבהם נעשה שימוש ליצירת הציורים הוכנו מעפר האדמה שבה ישב כל אחד מהשבטים, מאבני החן המייצגות כל שבט, ומקשת הצבעים המתקשרת למקצוע המיוחד אותו. מרכיבים טבעיים יחידאיים כגון קונכיות, סלעים ועפר, נכתשו ועורבבו עם הפיגמנטים הפסטליים ועם מדיום אקרילי כדי ליצור פלטת צבעים ייחודית לכל שבט, ובה קשת רחבה של גוונים. בכך האמנית מעוררת את סיפור שנים עשר השבטים מבלי להיזקק לדמויות פיגורטיביות.

בציור המייצג את שבט ראובן כללה ברקת בגוון הצבע את האודם, האבן המייצגת שבט זה. לשמעון לא ניתנה נחלה כעונש על כך שהרג באנשי שכם כדי לנקום את אונס אחותו דינה. הוא התגורר בנחלת יהודה, והאבן שהאמנית הקדישה לו היא פטדה. גם שבט לוי לא זכה בנחלה מכיוון שבניו שירתו בקודש ונפוצו בין השבטים. האבן שהוקדשה לו היא ברֶקֶת, שאותה ערבבה האמנית עם צבעי יתר השבטים כדי ליצור מערך חדש. צבעי המדבר עורבבו בנופך עבור שבט יהודה, ובלשם עבור שבט דן. האוכרה, החולות וצבעי האודם של האדמה, עורבבו בשברי אחלמה עבור שבט גד וברסיסי שבו עבור שבט נפתלי, בהיפוך הסדר המצוין בכתבי הקודש. לשבט אשר – הצבע הכחול־ירוק העז של התרשיש, ליששכר תכלת הספיר, לזבולון היהלום וליוסף השוהם. זה האחרון הוא היחיד שחילק את נחלתו לשני בניו, אפרים ומנשה, והאמנית בחרה לייצג אותו בשילוב של שני צבעים, האחד מקורו באבן השוהם והשני בצבעי כל השבטים, במשיחות מכחול מקוטעות ואלכסוניות. ואחרון חביב, האבן המייצגת את שבט בנימין היא הישפה, שעל פי המסורת הייתה מתנה שהגיעה ישירות מהאל ושימשה כאבן הפינה של העיר ירושלים.

כל יצירה בודדת שיצרה ברקת היא ייחודית וחד פעמית. זהו שילוב המרכיבים המבדילים בין מאפייניו של כל שבט ושבט ואשר מכוונים את זהותו. את היצירה ניתן להגדיר כאלכימית מכיוון שהיא מפיחה בחומרים חיים חדשים, מתעלה מהרובד הגשמי ומעניקה להם הקשרים מיסטיים ורוחניים. כשם שהמרכיבים שבהם האמנית משתמשת בלתי ניתנים להפרדה לאחר שעורבבו זה עם זה, כך גם שנים עשר השבטים, כמשתמע מעבודתה של ברקת, הנם בלתי ניתנים להפרדה; השילוב ביניהם הכרחי לקיומה של האומה היהודית.

למבקר בתערוכה תפקיד חשוב בהפריית היצירה. המצב נחזה באופן שונה בהתאם לעמדת הצופה, והופך למבנה אדריכלי נע ומשתנה ללא הרף – בדומה לחומר עצמו במחשבה הפילוסופית היהודית. שנים עשר הציורים על לוחות הפי־וי־סי ניתנים לצפייה והתבוננות משני צדיהם. צד אחד – הצד שעליו עבודה האמנית – מחוספס ובעל מרקם עבה, ואילו הצד השני מתאפיין בשקיפות־למחצה ומגלה את שכבות הצבע, סימני המשיחות ואת הצפיפות האמיתית שלהם תחת המעטה החלק והמבריק.

---

7 סדרה של יצירות משמעותיות העוסקות בתנ"ך ובייחוד ברגע בו יעקב, על ערש דווי, מזמן את הבנים ונותן לכל אחד מהם ברכה שתשנה את מזלם.
   Francisco de Zurbarán, *Le dodici Tribù d'Israele. Giacobbe e I suoi figli* (1640-1645)

8 במאה ה־17, אתנסיוס קירשר ניסה לפענח את הברכות של יעקב לשנים עשר בניו על בסיס תיאור גלגל המזלות, כאשר הוא מסתמך גם על שרטוט דמיוני של פילולוגיה מצרית.

9 ראו: יוסף בן מתתיהו, קדמוניות היהודים ג'

עַד יַעֲבֹר עַמְּךָ יְ־הֹוָה
עַד יַעֲבֹר עַם זוּ קָנִיתָ
(שמות ט"ו, ט"ז)

תערוכת היחיד של בברלי ברקת, 'בעקבות השבטים', המוצגת במוזיאון 'בונקומפאני לודוביסי' ברומא, בנויה כמכלול ייחודי שנתפר למידותיו של החלל שבו היא ניצבת. האמנית שאבה השראה מהמבנה האדריכלי של המוזיאון, וילה עירונית שנבנתה במאה ה־20, התכתבה עם הצורות הגיאומטריות הראשוניות המקשטות את החללים הפנימיים ואת החזיתות, ויצרה בכך דיאלוג בין עתיק יומין לעכשווי. המיצב, המתנשא לגובה של ארבעה מטרים כמעט, מספר סיפור המתחיל בתנ"ך, בספר בראשית, על אודות שנים עשר השבטים שהרכיבו את בני ישראל. מקורו של כל אחד מהם הוא באחד מתריסר בניו של יעקב שנקרא בשם 'ישראל' לאחר שנאבק במלאך.

המיצב כולל מבנה מתכת ובו שתים עשרה מסגרות רבועות. ציור עגול על משטח פי־וי־סי שקוף למחצה, מטר קוטרו, נדמה כמרחף במרכזה של כל מסגרת. כל אחד משנים עשר הציורים העגולים מתאפיין בגון צבע מסוים, המתבסס על המקורות העתיקים לפיהם לכל שבט היה אזור גיאוגרפי שיוחד לו, וכן נס או דגל הנושא את סמלו. הדגלים נצבעו בצבעי האבנים היקרות שהרכיבו את החושן – הבגד שלבשו הכוהנים. על גבי כל אחת מהאבנים, שהיו סדורות בארבעה טורים, היה מפותח שם כל אחד מבני יעקב שאותו ייצגה. כאשר אבני החושן בהקו, שמות בני ישראל קרנו והפיצו את אורם.

על אף שאבני החושן של הכוהן לא שימשו כחפצי קודש בפני עצמם, נודעה להן חשיבות יוצאת דופן: על פי ספר הזוהר הצבעים – באופן פיזי כאבני החן – נטענו באנרגיה והיו בעלי השפעה רוחנית. האבנים שימשו כתחנות ממסר, ופעלו כחוט מקשר בין שמיים לארץ. אם כן, הכוהן נשא על לוח ליבו את שנים עשר השבטים כדי לחבר בינם לבין האנרגיה הקוסמית.

בספר שמות מופיע תיאור מסוים של אבני החושן[1], אך קיימים כתבים עתיקים רבים נוספים המתארים אותן באופן שונה. הראשון לספק תיאור מפורט הוא יוסף בן מתתיהו. מאחר שהיה אחד הכוהנים שעבדו בבית המקדש, הוא עשוי להיחשב מקור אמין על אף שתיאורו לא עולה בקנה אחד עם המופיע בכתבי הקודש. לדוגמה, דבריו נחרצים בנוגע לכך שעל אבני החושן היו חרוטים שמותיהם של שנים עשר **בני יעקב** ולא של שנים עשר **השבטים**[2], וכי האבנים מוקמו לפי מועד לידתם ולפיכך סדר האבנים שהוא מתאר לא תואם את הסדר המופיע בתורה[3]. במהלך ההיסטוריה אנו מוצאים לעתים קרובות סתירות מסוג זה במקורות הספרותיים. בברלי ברקת, שיצרה מיצב המדמה את החושן הכוהני, אף היא נטלה לעצמה חירויות החורגות מהתיאור המקורי.

יצירתה המורכבת של ברקת הְחלה בלימודי העושר הקרטוגרפי השמור בספרייה הלאומית בירושלים. האמנית משרטטת שתי מסורות קרטוגרפיות עיקריות המייצגות את סיפורם המרתק של שנים עשר השבטים: זו הדתית, המתבססת בעיקרה על התורה, וזו הקלאסית, שהניחה את היסודות לקרטוגרפיה המודרנית[4]. בעבודה מרשימה זו האמנית פורסת בפנינו את ההיסטוריה ואת הזהות הלאומית של העם היהודי. נראה כי היא מציעה פרשנות לפיה כל שבט בנחלתו הוא ריבון בפני עצמו, אולם בה בעת אין לו קיום עצמאי העומד ללא שאר השבטים. כל נחלה היא למעשה חלל פתוח המחובר ומקושר לחללים אחרים ובכך נוצר חלל אחד, הטרוטופיה[5].

יצירתה של ברקת אינה רק מה שנראה לעין אלא מה שמשתמע ממנה, במעין 'trompe l'œil'[6] אבסטרקטי ותלת ממדי החודר מעבר לציור הפיגורטיבי. היצירה מנהלת רב־שיח עם שדרת העצים בגן 'וילה לודוויזה' ועם ציורי הקיר המעטרים את קירות 'Sala delle Vedute' המארחת את התערוכה. לדוגמה, האמנית זונחת לחלוטין את הסמליות הצורנית שבה

---

1 **ח** וַיַּעַשׂ אֶת־הַחֹשֶׁן מַעֲשֵׂה חֹשֵׁב כְּמַעֲשֵׂה אֵפֹד: זָהָב תְּכֵלֶת וְאַרְגָּמָן וְתוֹלַעַת שָׁנִי וְשֵׁשׁ מָשְׁזָר. **ט** רָבוּעַ הָיָה כָּפוּל עָשׂוּ אֶת־הַחֹשֶׁן זֶרֶת אָרְכּוֹ וְזֶרֶת רָחְבּוֹ כָּפוּל. **י** וַיְמַלְאוּ בוֹ אַרְבָּעָה טוּרֵי אָבֶן: טוּר אֹדֶם פִּטְדָה וּבָרֶקֶת הַטּוּר, הָאֶחָד **יא** וְהַטּוּר הַשֵּׁנִי נֹפֶךְ סַפִּיר וְיָהֲלֹם. **יב** וְהַטּוּר הַשְּׁלִישִׁי לֶשֶׁם שְׁבוֹ וְאַחְלָמָה. **יג** וְהַטּוּר הָרְבִיעִי תַּרְשִׁישׁ שֹׁהַם וְיָשְׁפֵה מוּסַבֹּת מִשְׁבְּצֹת זָהָב בְּמִלֻּאֹתָם **יד** וְהָאֲבָנִים עַל שְׁמֹת בְּנֵי־יִשְׂרָאֵל הֵנָּה שְׁתֵּים עֶשְׂרֵה עַל שְׁמֹתָם פִּתּוּחֵי חֹתָם אִישׁ עַל שְׁמוֹ לִשְׁנֵים עָשָׂר שָׁבֶט. (שמות ל"ט, ח-י"ד)

2 ראו מאמרו של ד"ר שמואל רוקח 'שנים־עשר השבטים', בקטלוג זה.

3 ראו: יוסף בן מתתיהו, קדמוניות היהודים ג'

4 המפות מסמלות את הארץ המובטחת השוכנת בצומת שבין אפריקה, אסיה ואירופה, מבטאות את הסיפור של אותה קרטוגרפיה, וחושפות את הרצף הארוך ביותר של ציור מפות בעולם.
Cfr. A. Tishby, *Holy Land in Maps*, The Israel Museum, Jerusalem 2001.

5 "ההטרוטופיה יכולה להציב לצד זה במקום אחד ויחיד מרחבים שונים, אזורים שונים שאינם מתאימים זה לזה [...]".
M. Foucault, "Of Other Spaces: Utopias and Heterotopias," translated by Jay Miskowiec, in *Architecture/Mouvement/Continuité*, October 1984, 6

6 הערת העורך: אשליה אופטית

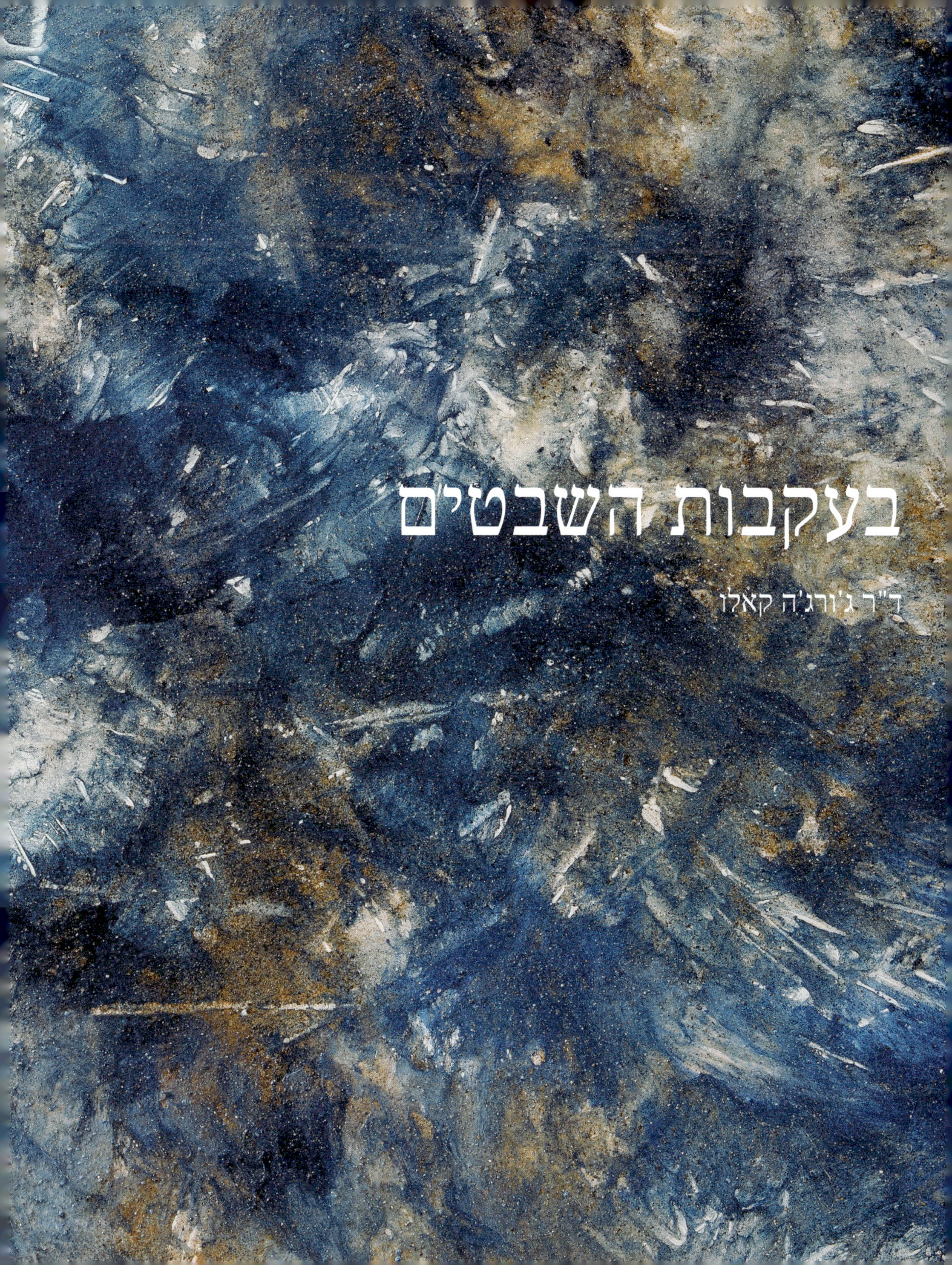
בעקבות השבטים
ד"ר ג'ורג'ה קאלו

תמונות
צילומי היצירה
מיכאל עמר, ירושלים
צילום התערוכה
ורטיבאר ג'קליאן, ונציה

כריכה
סטודיו מיכה וידמן,
לונדון
תמונה
מיכאל עמר, ירושלים

עמודים 1, 2
מוזיאון 'בונקומפאני לודוביסי', רומא

עמוד 119
גן לאומי חוף אכזיב, ישראל

עמוד 120
כרמי יקב קסטל, הרי ירושלים, ישראל

תרגום לעברית
נטע זיו ואברהם קרצו
עימוד בעברית
שרה עמיהוד
עבור
Language Consulting, Milan

עריכת תרגום
נחום אבניאל

© 2018 by Marsilio Editori® s.p.a.
נדפס בוונציה
מהדורה ראשונה
אוקטובר 2018
isbn 978-88-317-7945-6
www.marsilioeditori.it

הפקה והדפסה
Grafiche Antiga s.p.a., Crocetta del
Montello (TV)
for Marsilio Editori® s.p.a., Venice

תוכן עניינים

'וילה בונקומפאני לודוביסי' נבנתה והורחבה בין השנים 1901-1932 על ידי ג'ובאני בטיסטה ג'ובנאלה. זוהי דוגמה ייחודית לאדריכלות אקלקטית המבטאת את 'הבארוק הרומי' של ראשית המאה ה־20 שבו מעורבים יסודות מהסגנון הליברטי.

הבניין עומד בין שער פינצ'יאנה לשער סלאריה, במקום שבו בתקופה הרומית היו גני סאלוסטיוס. בשנת 1620 הקרדינל לודוביקו לודוביסי רכש במקום שטח אדמה כדי להקים בו את בית מגוריו, וילה לודוביסיה, ובשל יופייה הייחודי הפכה הווילה לתחנה בסיור ה'גרנד טור'. בסוף המאה ה־19 משפחת בונקומפאני לודוביסי חתמה על אמנה עם ראש עיריית רומא לאופולדו טורלוניה ועם חברה מטורינו, אשר קבעה כי המתחם ייהרס לטובת שכונת מגורים חדשה.

המבנה החדש היה למשכנם של אנדריאה נסיך איטליה ואשתו אליס בלנספלור דה־בילדט, אשת אצולה ממוצא שוודי. בשנת 1970 הגברת בלנספלור העבירה לרשות מדינת איטליה את הנכס והריהוט של קומת האירוח, כדי שישמשו ל"מטרות אמנותיות־תרבותיות לתועלת הציבור". עם מותה בשנת 1972, המשרד הממשלתי למורשת התרבות החל בעבודות שחזור, וב־1995 נפתח 'מוזיאון בונקומפאני לודוביסי לאמנות העיצוב, הלבוש והאופנה של המאה ה־19 וה־20'.

במוזיאון תערוכה קבועה המציגה את הרהיטים המקוריים (כורסאות, כיסאות, מכתבות, מנורות בסגנון רוקייל, אגרטלים וריהוט) ותערוכות מתחלפות המציגות אוספים של חפצי אמנות דקורטיביים, בגדים ואביזרי אופנה שנתרמו למוזיאון או נרכשו על ידיו. דגש מושם על ההיסטוריה של התלבושות והאופנה, באמצעות בגדים שעוצבו על ידי מעצבים מפורסמים וחייטים חשובים המדגימים את התפתחות האופנה האיטלקית מסוף המאה ה־19 ועד לשלהי המאה ה־20.

אוסף האופנה העילית נרקם בשנת 1996 כאשר כמה בתי אופנה מפורסמים מרומא – כגון פאוסטו סארלי, פרננדה גטינוני ואנג'לו ליטריקו – תרמו סדרת קולקציות בגדים למוזיאון. תרומה משמעותית נוספת הגיעה מפלמה בוקרלי המפורסמת וההדורה, שניהלה את 'הגלריה הלאומית לאמנות מודרנית' ברומא בין השנים 1941-1975.

ציוריהם של האמנים האיטלקים החשובים ביותר במאה ה־19 ובמאה ה־20, קמילו אינוצ'נטי, פליצ'ה קרנה, ג'אקומו באלה וג'ורג'ה דה־קיריקו, מספרים גם הם בתמונות את תולדות האופנה והתמורות שחלו בה. כיום המוזיאון פועל תחת אחריותו של אגף המוזיאונים של מחוז לאציו בניהולה של אדית גבריאלי, אשר יחד עם הנהלת מוזיאון 'בונקומפאני לודוביסי' יזמה אירועים רבים וגייסה תרומות של קולקציות אופנה ואמנות דקורטיבית, לצד תערוכות מיוחדות של אמנים איטלקים בני המאה ה־20 (לודוביקו דלי אוברטי בשנת 2016 ופרוצ'ו גארד בשנת 2018).

בימים אלה המוזיאון פותח את שעריו להצגת אמנים עכשוויים בעלי שם עולמי כדוגמת בברלי ברקת. בכך מודגש הקשר בין אגף המוזיאונים של מחוז לאציו שמוזיאון 'בונקומפאני לודוביסי' נמנה עליהם, לבין אגף המוזיאונים של ונציה ובהם מוזיאון 'פאלאצו גרימאני', שאירח את תערוכתה של ברקת *Evocative Surfaces* לרגל הביאנלה של ונציה בשנת 2017.

מתילדה אמטורו
מנהלת מוזיאון 'בונקומפאני לודוביסי'

לכבוד הוא לי לארח את התערוכה 'בעקבות השבטים' של האמנית הישראלית המוערכת בברלי ברקת. לאחר שקצרה הצלחה מסחררת ב'פאלאצו גרימאני' בוונציה, היא מגיעה להציג ברומא בחלל המרשים שבמוזיאון 'בונקומפאני לודוביסי'. לא ניתן לדמיין סיכום טוב מזה לשלל אירועי התרבות שנערכו באיטליה לציון שבעים שנה להקמת מדינת ישראל. במהלך השנה האחרונה הציבור האיטלקי נחשף לאינספור אמנים ישראלים ולמד להכיר ולהעריך את כישרונם במגוון תחומים: ספרות, מחול, אמנות וקולנוע, ובכל אחד מהם הישראלים נתפסים כפרשנים רגישים וחדשניים בני זמננו.

לא מדובר רק בפרסים ובשבחים מצד הביקורת הבינלאומית, אלא גם בתחושה רווחת של הכרה בתוצר התרבותי הישראלי והערכה כלפיו. ההכרה וההערכה מקבלות ביטוי נרחב באיטליה, הן במישור הלאומי והן במישור המקומי, ומעידות על התעניינות בתפיסות שונות וכן בהיווצרות חברה חיה ובועטת במדינה צעירה ודינמית.

אין ספק שהתהתערבות היא האמצעי הטוב ביותר כדי לציין את המאורע החשוב הזה, חגיגות השבעים למדינה, שהרי היא ולא אחרת שיחקה תפקיד משמעותי בהתעוררות הלאומיות שהביאה לייסוד מדינת ישראל.

האקדמיה לאמנות ועיצוב בצלאל, שבה רכשה בברלי ברקת את השכלתה, נוסדה עוד בטרם הקמת המדינה, ועד עצם היום הזה נחשבת למרכז מוביל ופורץ דרך לחינוך ולהכשרה בתחום האמנות. האמנים הישראלים הראשונים התמודדו עם מסורת נטולת איקונוגרפיה יהודית מפורשת ויצרו אמנות ישראלית. על אף שזו מהלה מסורות שונות, היא הייתה בראש ובראשונה ניסיונית: נפרשת לעבר העתיד, ניזונה מהעבר ומישירה מבט להווה, במרחב אינטלקטואלי שסופג ומפתח היבטים תרבותיים שונים זה מזה בתכלית.

בדיוק בחלל הזה מתקיים המיצב של בברלי ברקת. האמנית בנתה יצירה תלוית־אתר, הפורסת בפני הצופה את אלפי שנות קיום העם היהודי המתחיל במקורות עם שנים עשר השבטים, אולם באופן עכשווי. באופן זה האמנית מאחדת בין העבר להווה בדרך מקורית ומעוררת מחשבה, אשר נושאת בחובה את המטען התרבותי העצום של ארצה.

אלדד גולן
נספח תרבות, שגרירות ישראל באיטליה

ג'ירו ד'איטליה 2018, שלב א' – כך כתב כתב עיתונאי הספורט ג'ו שורט בעיתון 'אקספרס' ב-12 במאי: "ירושלים תארח את מרוץ האופניים
ג'ירו ד'איטליה לשנת 2018, אשר יוזנק ב'מרוץ אישי נגד השעון' (ITT). המסלול, שאורכו כשישה מייל, יעבור דרך העיר העתיקה".
ג'ירו ד'איטליה 2018, שלב ב' – "המרוץ ייצא לדרך מחיפה לכיוון תל אביב במסלול שאורכו 167 קילומטר".
ג'ירו ד'איטליה 2018, שלב ג' – "ביומו האחרון של המרוץ בישראל יגיע האירוע לשיאו, כאשר דבוקת הרוכבים תעשה את דרכה
בפיתולי הכביש המוביל מבאר שבע לאילת, גבולה הדרומי של ישראל".

מרוץ האופניים השני בחשיבותו בעולם מתחיל בירושלים וחוצה את הנגב עד לסיומו בים האדום. ישראל, על המגוון האין-
סופי שלה ועם העומק הכמעט אין-סופי של ההיסטוריה העתיקה שלה, ניחנת בתכונה היסודית הזו: היא מצליחה להציע
אפשרויות חדשות בכל אירוע ובסופו של דבר גם להפתיע, בין אם מדובר בספורט ובין אם מדובר בתרבות או בפוליטיקה.
אגף המוזיאונים של לאציו הוקם לפני מעט יותר משלוש שנים, בחודש מרץ 2015. תפקיד האגף, שהוא מוסד של משרד
התרבות האיטלקי, הוא ניהולם, אבטחתם והצגתם של ארבעים ושישה המוזיאונים ואתרי התרבות של איטליה במחוז. בשל
מספרם הרב וחשיבותם של אתרים אלו, בתחילה סברו רבים כי יהיה זה אתגר קשה למדי, שאף טומן בחובו סיכון מסוים.
מעט יותר משלוש שנים חלפו, ובתקופה זו עשה האגף דברים רבים וקצר הישגים נאים. קביעה זו נסמכת על מדדים המציגים
עלייה במספר המבקרים ובהכנסות, שהיא לעיתים עלייה ניכרת, ובכל אופן הייתי מכנה אותה עלייה 'משכנעת'. על כל
פנים, ברצוני להדגיש דווקא את איכות התרבות והאמנות הנשמרת באגף, המוצגת בו והנוצרת על ידו. מכיוון שמעל הכול,
מטרתם המרכזית של מוזיאונים היא אחת: יצירת תרבות. זו סיבת הקמתו של האגף ועילת קיומו. עם היותו אתגר, עם היותו
סיכון, הוא הוכיח את עצמו גם כהפתעה נעימה.

מנקודת מבט זו, אתר התערוכה היום, 'מוזיאון בונקומפאני לודוביסי לאמנות העיצוב, הלבוש והאופנה של המאה ה-19
וה-20', ראוי להתייחסות בפני עצמו. מן המפורסמות היא כי המוזיאון הוקם ונוהל בתחילה כמעין 'מוזיאון לוויין' של 'הגלריה
הלאומית לאמנות מודרנית'. הצטרפותו לאגף המוזיאונים של לאציו – במילים אחרות, למערך ניהולי שונה בתכלית – עורר
בחינה מחודשת של נקודת המבט המוזיאלית. בחינה זו הייתה צריכה לקחת בחשבון – ואכן לקחה – את ההתרחשות באתר,
את יכולת הקיבול שלו ואת הסמיכות לשדרת 'ויה ונטו' הנחשבת ללבת ה'לה דולצ'ה ויטה', אזור היוקרה של רומא.
בעצה אחת עם מנהלת המוזיאון מתילדה אמטורו, החלטנו לפעול בשתי חזיתות וללחוץ על שתי דושות הקשורות ותלויות זו
בזו. החלטנו להדגיש את החלל המכיל של המוזיאון ואת התוכן שלו, ומנגד להציג בכל חללי המוזיאון גורמים, יוזמות
ותצוגות מסוג חדש, ואשר על כן מפתיע.

מכאן נבעה ההחלטה להזמין את בברלי ברקת. ברקת היא אמנית שהתבססה בישראל ובערים חשובות ברחבי העולם, אך
רק בשנים האחרונות החלה לפעול גם באיטליה, וכעת נהנית בה מתשומת הלב הראויה לאמנית במעמדה. דוגמה מייצגת
היא תערוכתה של ברקת, *Evocative Surfaces*, שנערכה בשנת 2017 במוזיאון 'פאלאצו גרימאני' בוונציה, מתוך קשר הדוק
לביאנלה ה-57.

מנקודת מבט טכנית שורשיה של בברלי ברקת נטועים בהיסטוריה של הציור, אך לפחות ברומא ולפחות עבור חלק מהקהל,
האמנות שלה תמיד תהיה בגדר הפתעה. לכך אנו צריכים להתרגל כאשר אנו מדברים על אמנים ויצירות המגיעים מישראל,
וזאת, בקצרה, מה שאמרנו כבר בתחילת דברינו. בטוחני שהקשר עם אגף המוזיאונים של לאציו יאפשר להדגיש את
האיכויות של אמנית זו, ובה בעת יבטיח צמיחה נוספת של מוזיאון 'בונקומפאני לודוביסי'.

אדית גבריאלי

מנהלת אגף המוזיאונים של מחוז לאציו

הפרסום ראה אור
לרגל התערוכה

בעקבות השבטים
11 באוקטובר עד 31 בדצמבר, 2018
מוזיאון 'בונקומפאני לודוביסי',
רומא

בתמיכת
אגף המוזיאונים של לאציו

מחלקת התרבות בשגרירות ישראל באיטליה

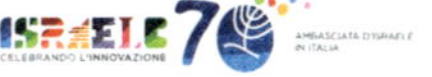

קרן התרבות הדו-לאומית איטליה ישראל
לתרבות ואמנות

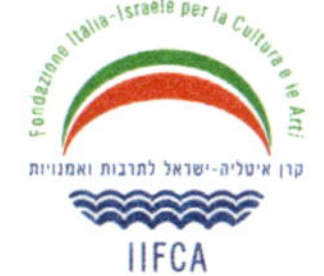

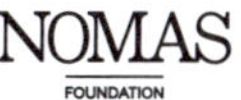

קודם על ידי
קרן נומאס, רומא

אוצרת
ד"ר ג'ורג'ה קאלו

מנהלת הפרויקט
מיה דורה פרבאן

עיצוב גרפי
סטודיו מיכה וידמן
לונדון

ייעוץ טכני/אדריכלי
ורטיבר ג'קליאן

שילוח/לוגיסטיקה
עמית שילוח בינלאומי ולוגיסטיקה בע"מ

עיתונות ותקשורת
Lightbox Group, ונציה
לוטן תקשורת וקרוליין שפירו
ישראל

מנהלת אגף המוזיאונים של לאציו
אדית גבריאלי

מנהלת מוזיאון 'בונקומפאני לודוביסי'
מתילדה אמטורו

מחלקת התקשורת והעיתונות באגף
המוזיאונים של לאציו
מארקו סאלה

בעקבות השבטים
בברלי ברקת

Marsilio

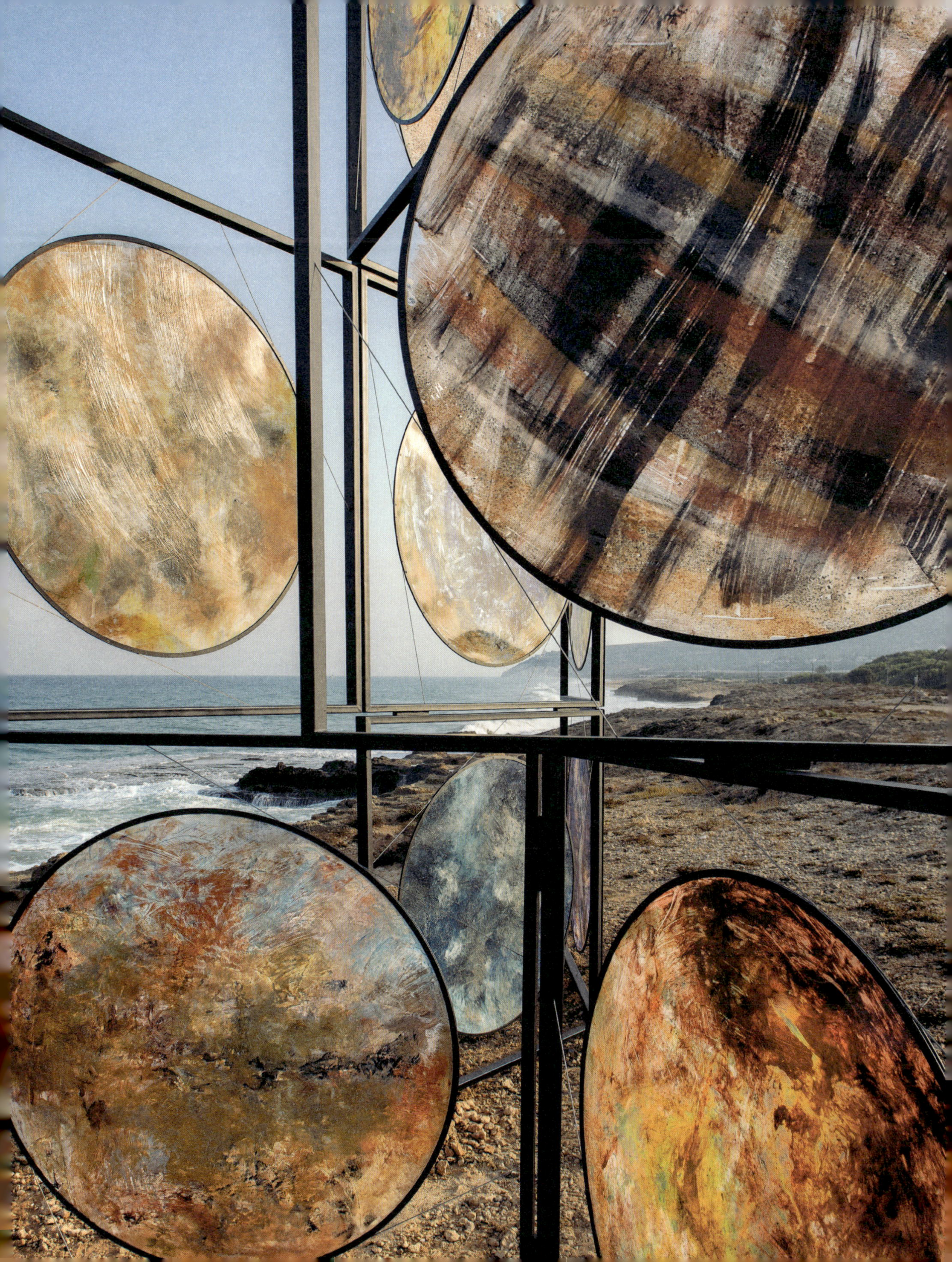

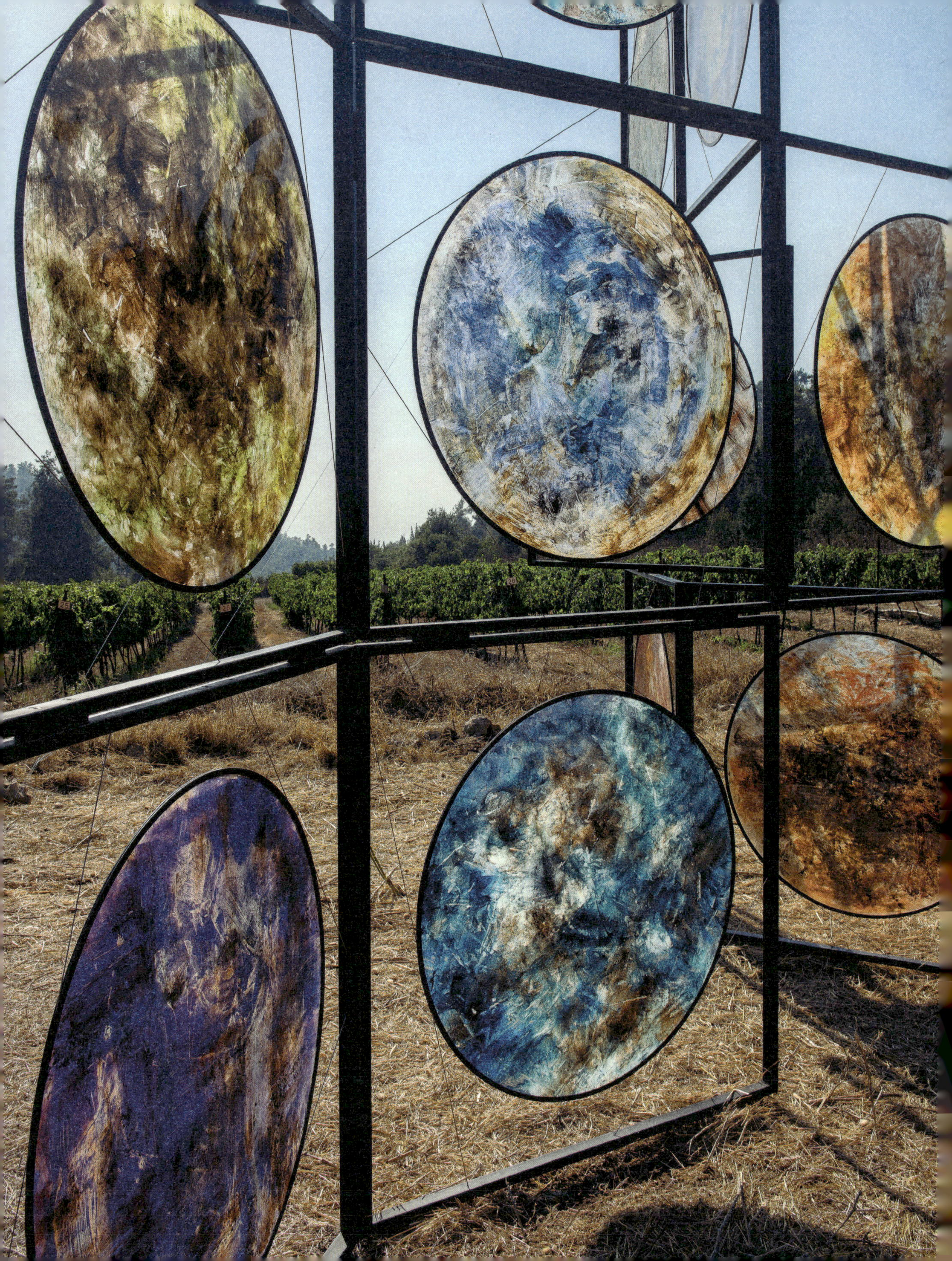